말씀, 그리고 사색과 결단 5

●

믿음이란 한 알의 밀알이 땅에 떨어져 죽음으로 많은 열매를 맺음과 같이
진리의 열매를 위하여 스스로 죽는 것을 뜻합니다. 눈으로 볼 수는 없으나
영원히 살아 있는 진리와 목숨을 맞바꾸는 자들을 우리는 믿는 이라고 부릅니다.
「믿음의 글들」은 평생, 혹은 가장 귀한 순간에 진리를 위하여 죽거나 죽기를 결단하는
참 믿는 이들의, 참 믿는 이들을 위한, 참 믿음의 글들입니다.

말씀, 그리고 사색과 결단 5

이재철

사생의 사람에 대하여

일러두기

_ 〈말씀, 그리고 사색과 결단〉 시리즈는 한 교회를 위해 선포된 메시지를 이어 펴낸 것으로, 일부만 편집된 영상들로 인해 말씀이 왜곡되어 전해지지 않도록 전문(全文)을 담아 출간하고 있다.
_ 이 책은 2022년 6월 10일부터 12일까지 전주남성교회 말씀 사경회에서 전한 말씀을 엮은 것이다.
_ '머리말을 대신하여'는 본문에서 편집자가 발췌하였다.

머리말을 대신하여

여러분, 지금까지 살아오시면서 어떤 얼굴을 남기고 있습니까? 어느 날 불현듯 죽음이 여러분을 덮칠 때 어떤 얼굴을 이 땅에 남기고 가시겠습니까? 사람들은 여러분의 얼굴을 기억할 것입니다. 지금 자신의 얼굴을 아름답고 세련되게 가꾼다고 해도 다 썩어 문드러집니다. 그런 얼굴은 살아 있는 사람들의 마음속에 생명의 유언으로 절대 승화되지 않습니다. 생명의 유언으로 승화되는 얼굴은 아름답고 세련되게 가꾼 얼굴이 아니라 사생결단의 삶이 묻어 있는 얼굴입니다.

차례

머리말을 대신하여

1. 유언, 삶의 이력서

생사의 사람, 사생의 사람 **11**
바울의 유언 **15**
바울의 세 가지 본 **21**
여러분이 아는 바라 **27**
삶으로 쓰는 이력서 **33**

2. 고독, 유언의 동력

사역의 전성기, 에베소 **46**
생명력의 비결 **49**
소요와 바울의 고백 **51**
마게도냐를 걸어서 **55**
주어의 변화 **59**
예루살렘행 결심 **62**
고독 그리고 사생결단 **66**
아가보의 예언 **69**
외로움인가 고독인가 **74**

3. 얼굴, 유언의 완성

파수꾼의 얼굴 **82**
보호자의 얼굴 **87**
전사와 기도자의 얼굴 **90**
말씀에 의탁한 얼굴 **93**
낭비자의 얼굴 **94**
우리가 남기는 얼굴은 **97**

바울이 밀레도에서 사람을 에베소로 보내어 교회 장로들을 청하니 오매 그들에게 말하되 아시아에 들어온 첫날부터 지금까지 내가 항상 여러분 가운데서 어떻게 행하였는지를 여러분도 아는 바니 곧 모든 겸손과 눈물이며 유대인의 간계로 말미암아 당한 시험을 참고 주를 섬긴 것과 유익한 것은 무엇이든지 공중 앞에서나 각 집에서나 거리낌이 없이 여러분에게 전하여 가르치고 유대인과 헬라인들에게 하나님께 대한 회개와 우리 주 예수 그리스도께 대한 믿음을 증언한 것이라(행 20:17-21).

# 1

유언, 삶의 이력서

삶과 죽음은 분리되지 않고 한데 어우러져 있습니다. 그래서 인생을 가리켜서 '삶' 혹은 '죽음'이라고 따로 떼어 말하지 않고 '삶과 죽음'이라고 말합니다. 삶과 죽음이 동전의 양면처럼 불가분의 관계에 있기 때문입니다. 화려한 조명 속에서 시작된 연극이 막이 내려옴으로 완결되듯이 한 사람의 인생도 그 인생 무대 위에서 죽음의 막이 내려옴으로써 종결됩니다. 이처럼 삶과 죽음이 불가분의 관계로 엮여 있기 때문에 삶과 죽음, 즉 '생사'가 들어가는 표현이 많습니다. 예를 들면 생사를 나눈 전우, 생사가 걸린 문제, 생사 여부, 생사 확인, 생사 기록, 생사 여탈, 생사 화복, 생로병사 등입니다. 그 이유는 생사가 한데 어우러져 있기 때문이라고 했습니다. 중요한 것은 '생'이 먼저 나오고 '사'가 뒤에 나온다는 것입니다. 바꾸어 말하면 이런 단어들은 생과 사를 순서의 문제로 보고 있는 것입니다. 생이 있고 그 생의 결과는 죽음입니다.

여러분, 생과 사를 순서의 문제로 본다면 우리가 아무리 열심히 산다 한들 그 삶의 결국은 죽음입니다. 바꾸어 말하면 매일매일 열심히 죽기 위해 사는 것 아닙니까? 그보다 허무한 인생이 어디에 있습니까? 그래서 예로부터 인생이 허무하다고 탄식한 것은 결코 과장된 말이 아닙니다.

생사의 사람, 사생의 사람

그런데 항상 '생'이 먼저 나오고 '사'가 뒤에 나오는 이 조합들 가운데에 유독 '사'가 먼저 나오고 '생'이 뒤에 따라오는 단어가 있습니다. 첫째, '사생관'입니다. '생사관'이라고 말하지 않습니다. 죽음에 대한 바른 관점을 가지고 있어야 비로소 생에 대한 바른 관점을 가질 수 있다는 의미입니다. 그래서 사생관입니다. 여러분, 오늘 하루도 우리가 열심히 살지 않았습니까? 그런데 곰곰이 따져 봅시다. 우리가 오늘 하루 산 것입니까? 그렇지 않습니다. 우리는 오늘 하루 길이만큼 죽은 것입니다. 저는 올해 (2022년—편집자) 우리 나이로 74세입니다. 저는 제 수명이 몇 년인지 알지 못합니다. 그러나 알지 못하는 제 수명 가운데 74년 동안 죽었습니다. 여러분, 우리가 매일매일 사는 것 같지만 실은 매일매일 죽고 있습니다. 매일 죽는다는 것을 알지 못하고 사람들은 매일 살아갑니다. 그래서 우리는 사생관을 지녀야 합니다. '내가 오늘 하루 무엇을 위해서 그토록 열심히 죽었는가? 아무 쓸모없는 것, 내 코끝에서 호흡이 멎을 때에 땅을 치고 후회할 것을 위해서 오늘 하루라는 귀한 시간 동안 열심히 죽은 것 아닌가?' 이 죽음에 대한 바른 관점이 있을 때 그 토대 위에서 하루하루 바르게 살게 되는 것입니다. 그래서 사생관이 중요합니다.

'사' 자가 먼저 나오는 단어가 또 있습니다. '사생결단'입니다. '생사결단'이라는 말은 없습니다. 결단할 때는 사생결단입니다. 정말 새로운 삶을 살기를 원할 때는 무의미하게 살던 옛 사람이 먼저 죽어야 합니다. 사가 먼저 있어야 합니다. 사가 먼저 있어야 그 사의 토대 위에 바른 생이 시작되는 것입니다. 바꾸어 말하면 오늘이라도 정말 새로운 삶을 살기 원하면 죽음이라는 관문을 통과해야 합니다. 아무리 그리스도인이라고 해도, 하나님을 믿으면서 새로운 삶을 살기를 원해도 죽음을 통과하지 않으면 마음대로 살고 싶고, 내키는 대로 살고 싶어 합니다. 목전의 유익을 좇아 사는 사람은 먼저 죽지 아니하면 절대로 새로운 삶을 살 수 없습니다. 새로운 삶을 살기 원하는 사람들은 죽음을 통과하는 사생결단이 있습니다. 새로운 삶이 있습니다. 오늘 하루도 단지 죽기 위해 열심히 살아가는 생사의 사람이 아니라 내 코끝에서 호흡이 멎는 그 순간에 아무런 후회 없이 바른 삶을 살기 위해서는 내가 먼저 죽는 사생의 사람이 되어야 하는 것입니다.

저에게는 생일이 두 번 있습니다. 74년 전에 제 어머니 배 속에서 태어난 날이 첫 번째 생일입니다. 두 번째 생일이 있습니다. 2013년 4월 29일입니다. 그날이 의사 선생님으로부터 암 선고를 받은 날입니다. 그날이 제 두 번째 생일이 되었습니다. 제 생명을 뒤덮고 있는 죽음의 암 덩어리가 몸에서 발견되었기 때문에 저는 죽음을 통과함으로 매일매일 새로운 삶을 살아가는 사생의 사람이 되려고 노력하면서 살고 있습니다. 생사의 사람에서 사생의 사람이 되려고 애를 쓰기 시작한 지 오늘로 3,437일이 지났습니다. 그런 의미에서 암은 하나님께서 제게 주신 선물입니다. 그 암으로 인해서 저는 사생의 사람으로 살아가게 된 것입니다.

여러분, 구약 첫 번째 성경인 창세기 5장에 성경 최초의 족보가 나옵니다. 창세기 5장 4절에서 32절입니다. 첫 단락만 읽어 보시겠습니다.

—— 아담은 셋을 낳은 후 팔백 년을 지내며 자녀들을 낳았으며 그는 구백삼십 세를 살고 죽었더라 셋은 백오 세에 에노스를 낳았고 에노스를 낳은 후 팔백칠 년을 지내며 자녀들을 낳았으며 그는 구백십이 세를 살고 죽었더라 에노스는 구십 세에 게난을 낳았고 게난을 낳은 후 팔백십오 년을 지내며 자녀들을 낳았으며 그는 구백오 세를 살고 죽었더라

성경에 제일 먼저 등장하는 족보가 우리에게 웅변해 주는 것은 죽었다는 것입니다. 그 사람이 몇 년을 살았든지, 자식을 몇 명을 낳았든지 상관없이 이 세상에 태어난 모든 인간은 다 죽었다는 것입니다. 죽음의 족보입니다. 이것이 구약 전체의 메시지입니다. 여러분, 아담의 원죄를 이어받은 인간, 죄성을 가진 인간은 이 세상에서 왕후장상으로 살아도, 온갖 부귀영화를 누려도 결국 죽는다는 것이 구약의 핵심입니다.

신약 성경의 첫 번째 책인 마태복음 1장 1절부터 새로운 족보가 나옵니다. 그 새로운 족보는 마태복음 1장 1절부터 17절까지 기록되어 있습니다. 첫 단락만 읽어 보시겠습니다.

―― 아브라함과 다윗의 자손 예수 그리스도의 계보라 아브라함이 이삭을 낳고 이삭은 야곱을 낳고 야곱은 유다와 그의 형제들을 낳고 유다는 다말에게서 베레스와 세라를 낳고 베레스는 헤스론을 낳고 헤스론은 람을 낳고

이 족보에는 죽었다는 말이 안 나옵니다. "낳고, 낳고, 낳고." 생명의 족보입니다. "아브라함과 다윗의 자손 예수 그리스도의 계보라." 즉 죽음의 족보 외의 사람들이 예수 그리스도 안에서 모두 생명의 족보로 바뀌어져 간다는 것입니다. 그래서 구약의 책을 사의 책, 죽음의 책이라고 한다면 신약의 책은 생의 책, 삶의 책입니다. 이걸 합치면 사생의 책입니다. 여러분, 성경은 절대로 생사의 책이 아닙니다. 무의미하게 죽기 위해서 열심히 살아가는 사람들의 책이 아닙니다. 사생의 책, 참되게 살기 위해서 먼저 죽는 사람들의 책입니다. 신구약을 통틀어서 이야기한다면 정말 바른 삶을 살기 위해서는 그리스도 안에서 먼저 죽어야 합니다. 사생의 사람이 되기 위해서는 그리스도 안에서 먼저 죽는 사생의 결단이 이루어져야 합니다. 이것이 성경이 우리에게 주

는 핵심 내용입니다.

창세기 5장 4절부터 32절까지 구약의 족보에는 스물여덟 절에 걸쳐서 죽었다는 단어가 8번 등장합니다. 마태복음 1장의 족보는 총 열일곱 절인데 한 절 한 절이 창세기 5장보다 훨씬 짧습니다. 그런데 이 짧은 열일곱 절 가운데 '낳고'가 40번 등장합니다. 구약의 분량이 2배 정도 더 긴데 말입니다. 사생의 사람이 되면, 그리스도 안에서 먼저 죽으면 그 생명은 사망과는 비교할 수 없는 힘으로 우리를 지탱한다는 것입니다.

바울의 유언

우리가 오늘부터 사흘 동안 살펴보고자 하는 내용은 사도 바울이 3년 동안 밤낮으로 헌신하여 복음을 전하고 사랑으로 세웠던 에베소 장로들에게 남기는 마지막 유언입니다. 여러분, 일반적으로 유언은 어떤 순간에 남기는 것입니까? 죽는 순간에 남깁니다. 그러면 바울이 이 유언을 남긴 직후 죽었어야 우리의 상식과 일치합니다. 그런데 바울은 에베소 장로들에게 유언을 남기고 죽지 않았습니다. 유언을 남기고 약 10년을 더 살았습니다. 우리가 아는 바울, 우리가 존경하고 본받고 싶은 위대한 사도 바울의 일생은 에베소 장로들에게 유언을 남긴 이후 10년이 있었기 때문에 완성됩니다.

바울은 예루살렘에서 체포당하고 총독이 있는 가이샤라로 이송되어서 아무 이유 없이 2년 동안 투옥되었다가 로마로 압송됩니다. 로마로 가는 도중에 지중해 한가운데에서 유라굴로라는 죽음의 광풍을 맞지 않습니까? 그 배에 타고 있던 275명이 2주 동안이나 캄캄한 지중해 위에서 햇볕도 보지 못하고, 먹지도 마시지도 못하고 살 소망마저 던져 버렸습니다. 그때 바울 한 사람으로 인해서 그 배에 타고 있던 모든 사람들이 구원을 얻었습니다. 로마 죄수로 압송되어 간 바울은 이른바 옥중서신이라고 부르는 에베소서, 빌립보서, 골로새서, 빌레몬서를 감옥에서 써서 보내었습니다. 그리고 결국 참수형을 당해 죽었습니다.

이렇게 바울이 살아갈 날들이 많이 남아 있었는데 바울은 에베소 장로들을 불러 놓고 유언을 했습니다. 무슨 의미이겠습니까? 바울이 사생의 사람이었기 때문입니다. 바울은 무의미하게 죽기 위해 사는 사람이 아니라 매일매일 살기 위해 매일매일 죽는 사람이었습니다. 그는 날마다 죽는 사람이었습니다. 왜입니까? 날마다 주님 안에서 새롭게 살기 위해서입니다. 그에게 매일매일의 말은 매일매일의 유언이었습니다. 생사의 사람에게는 죽는 그 순간의 말이 유언이지만, 사생의 사람은 매일 죽음을 통과하면서 살기 때문에 매일 하는 말이 유언입니다.

우리도 언젠가 죽음과 직면합니다. 태어날 때는 순서가 있습니다. 할아버지, 아버지, 형님, 동생, 손자 순입니다. 하지만 죽음에는 순서가 없습니다. 손자가 할아버지보다 먼저 갑니다. 젖먹이 아기가 어머니보다 먼저 가는 것이 죽음입니다. 우리 모두 언젠가 죽음에 직면하게 됩니다. 사생의 사람으로 사생결단의 삶을 살면서 죽기 10년 전에 에베소 장로들에게 유언을 남겼던 바울의 삶과 유언은 우리에게 영적 거울이 됩니다. 본문 17절을 보시겠습니다.

──── 바울이 밀레도에서 사람을 에베소로 보내어 교회 장로들을 청하니

바울은 3차 전도 여행을 끝내고 예루살렘으로 가는 도중에 밀레노에서 사람을 에베소에 보내어 에베소 장로들을 다 불러 모았습니다. 유언을 남기기 위함입니다. 에베소는 바울이 3년 동안 밤낮으로 복음을 전하고 헌신한 곳입니다. 왜 직접 가서 유언을 남기지 않고 에베소 장로들을 불렀습니까? 이때 바울은 오순절이 이르기 전에 예루살렘에 도착하기 위해서 여정을 재촉하는 상황이었습니다. 지금은 비행기든 선박이든 고속버스든 모두 정해진 시간에 오기 때문에 내 일정을 마음대로 조정할 수 있으나 당시는 그렇지 않습니다. 항구에 내리면 그다음 항구로 가는 배가 언제 올지 알 수 없는 것입니다. 그런데 오순절이 이르기 전까지 급히 예루살렘으로 가야 하는데 직접 에베소를 찾아가서

유언을 전한다고 하면 어떻게 되었겠습니까? 장로들만 만나는 게 아니라 자기가 복음을 전하고 세례를 주었던 그 많은 교인들을 다 만나게 됩니다. 그 교인들과 일일이 작별을 고하다 보면 시간이 훨씬 지체될 것 아닙니까? 그래서 에베소 교인들을 모두 보기 원하는 마음을 꾹 누르고 장로들만 불렀습니다. 내 유언을 잘 듣고 에베소 교인들에게 가서 그대로 전하라는 뜻입니다.

바울이 에베소 장로들을 부른 장소는 벌판이나 강변이 아니었습니다. 밀레도였습니다. '도' 자가 붙어 있기 때문에 흔히 섬으로 착각하기 쉽습니다. 밀레도는 섬이 아닙니다. 2천 년 전 로마 제국은 오늘날 튀르키예 대륙을 소아시아 대륙이라고 불렀습니다. 그리고 소아시아 대륙 서부 지역을 행정구역상 아시아라고 불렀습니다. 그 행정구역 아시아에서 제일 큰 도시가 에베소이고, 두 번째로 큰 도시가 밀레도였습니다. 밀레도는 단순히 큰 도시여서가 아니라 처음부터 기하학적으로 설계되고 건축되어 유명했습니다. 도시를 건축하는 순간부터 바둑판처럼 정교하게 가로세로 선을 그어서 만들었습니다. 그러니까 우리가 유럽이나 튀르키예에서 흔히 볼 수 있는 로마 제국의 도시와 달리 정교한 도시였습니다. 그 도시 사람들의 정교함을 알 수 있습니다.

여러분, 튀르키예 이스탄불에 가면 성 소피아 사원이 있습니다. 예전에는 그곳이 성당이었습니다. 그런데 오스만튀르크의 술탄이 동로마 제국을 멸망시키고 이스탄불, 당시 이름으로 콘

스탄티노플에 들어가서 다른 것은 다 파괴하고 약탈하는 것을 허락하면서도 그 성당만은 손을 대지 못하게 했습니다. 얼마나 웅장하고 아름다운 성당이었던지 아무도 손을 대지 못하게 하고 이슬람 사원으로 바꿨습니다. 지금은 박물관으로 개조되어서 사람들에게 공개가 되었습니다. 1,500년 전에 그런 건물이 지어졌다는 것이 신기할 정도로 웅장한 건물입니다. 그 웅장한 소피아 사원을 건축한 이시도루스가 바로 밀레도 출신입니다. 그뿐만이 아닙니다. 철학의 아버지이자 막대기 하나로 피라미드 높이를 재었던 수학자 탈레스도 밀레도 출신입니다. 밀레도는 세계사를 변혁시킬 만한 걸출한 인재를 배출시키는 대도시였던 것입니다. 바울이 그 대도시에 그보다 더 대도시 사람들인 에베소 장로들을 불러서 삶과 죽음에 내한 유언을 남겼습니다.

　대도시는 인간의 영혼을 빼앗는 곳입니다. 대도시는 눈앞의 이득을 위해 자기 생명을 갉아먹게 만드는 곳입니다. 대도시는 아무 생각 없이 생사의 사람으로 일평생 살게 합니다. 열심히 살았는데, 열심히 재산 모았는데, 열심히 출세했는데 지나고 보니 죽기 위해 그렇게 산 것입니다. 그곳이 대도시입니다. 자연과 다릅니다. 그 대도시에서 바울이 대도시 에베소 사람들에게 생사의 사람이 아니라 사생의 사람이 되게끔 유언을 남깁니다.

　여러분, 전라북도에서 가장 큰 이 도시에서 여러분은 어떤 인생을 살고 있습니까? 열심히 살아오셨는데 단지 죽기 위해서 그렇게 열심히 살아오신 것 아닙니까? 하루하루 죽어 간다는 것을 알지 못하고, 살아온 만큼 죽었다는 것을 알지 못하고, 멋지게 사는 줄 착각하지만 죽기 위해 오늘도 열심히 살고 있는 것은 아닙니까? 만약 그러하시다면 오늘부터 사흘 동안 대도시에서 대도시 사람 에베소 장로들에게 남긴 바울의 유언을 함께 사색하면서, 사생의 사람으로 인생 길을 바꾸시기 바랍니다. 18절입니다.

—— **오매 그들에게 말하되 아시아에 들어온 첫날부터 지금까지 내가 항상 여러분 가운데서 어떻게 행하였는지를 여러분도 아는 바니**

에베소 장로들이 밀레도로 왔습니다. 이제 고별 설교, 다시 말해서 유언을 시작하는 것입니다. 바울은 "내가 에베소에 들어온 첫날부터 지금까지 여러분에게 어떻게 설교했는지 아시죠?"라고 말을 꺼내지 않았습니다. "내가 에베소에 들어온 첫날부터 여러분에게 어떻게 권면했는지 아시죠?"라고도 말하지 않았습니다. 복음을 전하고, 세례를 주고, 장로로 세운 에베소 장로들을 앞에 두고 말합니다. "내가 에베소에 들어온 첫날부터 여러분 가운데서 어떻게 행하였는지." 바꾸어 말하면 '어떻게 살았는지'입니다. 바울의 삶은 쇼윈도였습니다. 숨길 것이 없었습니다. 바울이 어떤 순간에는 어떻게 결단하고, 어떤 순간에는 어떻게 대응하고, 어떤 순간에는 어떻게 행동하는지 에베소 장로들은 3년 동안 지켜봤습니다. '여러분, 내가 어떻게 행동하는지 다 보셨죠? 다 알죠?'라는 의미입니다. 구체적으로 무엇을 안다는 말입니까?

바울의 세 가지 본

19절입니다.

─── 곧 모든 겸손과 눈물이며 유대인의 간계로 말미암아 당한 시험을 참고 주를 섬긴 것과

번역이 조금 이해하기 어렵습니다. 이해하기 쉽게 헬라어 원문 그대로 번역을 하면 이런 말입니다. "유대인들의 온갖 모함으로 인한 시련에도 불구하고 모든 겸손과 눈물로 주님을 섬긴 것을 여러분 다 보고 아시죠?" 이 구절에서 중요한 단어 세 개가 나옵니다. '시련', '겸손', '눈물'입니다.

먼저 시련에 대해서 생각해 보십시다. 여러분, 아무리 교회에 다닌다 해도 생사의 사람은 시련을 원하지 않습니다. 그저 일평생 안락하게 살기를 원합니다. 생사의 사람들은 살다가 끝에서 죽습니다. '내가 돈이 이렇게 많은데, 내가 이렇게 출세했는데,

내 자식들이 이렇게 세상에서 이름을 높였는데, 내가 죽는 것도 억울한데 살면서 시련을 당해?' 이것을 받아들일 수가 없습니다. 그런데 사생의 사람들은 참되게 살기 위해 먼저 죽는 사람들입니다. 그 사람들에게 시련은 자신의 생명을 더욱 참되고 아름답게 가꾸어 주는 주님의 손길이 됩니다.

여기 원석이 있다고 하십시다. 원석을 그대로 두면 아무리 세월이 흘러도 원석일 뿐입니다. 하나의 가능성일 뿐입니다. 상품이 아닙니다. 그런데 일류 세공사가 원석을 가져다가 온 정성을 투입해서 갈고 깎고 다듬으면 아름다운 보석이 됩니다. 여러분, 원석의 입장에서 생각해 보십시오. 가만히 있는데 어느 날 세공사가 와서 깎습니다. 갈고, 다듬고, 연마합니다. 시련입니다. 원석 입장에서 그런 시련이 없습니다. 당하지 않아도 될 시련처럼 여겨집니다. 그러나 그 시련은 원석을 보석으로 승화시키는 과정입니다. 그리스도인도 똑같습니다. 죄성을 가진 인간이 시련 속에서 사생의 사람으로, 사생결단의 사람으로, 보석처럼 빛나는 그리스도인으로 굳건하게 세워져 가는 것입니다.

여러분, 바울은 3년 동안 유대인들에게 박해를, 헬라인들에게 모함, 배척, 온갖 시련을 당했습니다. 바울이 자기를 위해 사는 사람이었다면 그 시련을 당하지 않고 에베소를 떠나가면 됩니다. 그러나 그곳에는 주님의 통로가 되어서 새 생명을 얻도록 도와야 할, 사랑하는 사람들이 있습니다. 그 사람들을 위해서 바울은 시련을 기꺼이 감당했습니다. 사생결단의 사람이었기 때문입니다. 바울을 사도 가운데에서도 보석으로 보는 것은 그런 시련을 기꺼이 감수했기 때문입니다. 사람을 살리기 위해, 사람을 사랑하기 위해, 사람을 세우기 위해 바울은 시련을 두려워하지 않았습니다.

두 번째 단어는 겸손입니다. 성경이 말하는 겸손은 태도의 문제가 아닙니다. 못한다고 사양하는 태도, 상석을 권하면 말석에 앉겠다고 하는 태도를 가리켜서 세상에서는 겸손하다고 합니다. 그런데 그런 사람들 가운데 교만한 사람들이 많습니다. 지금 바울이 말하는 겸손, '타페이놉흐로쉬네'(ταπεινοφροσύνη)는 위치의 문제입니다. 마음을 다른 사람보다 낮은 데 두는 것입니다. '이해하다'가 영어로 'understand'입니나. 내가 서 사람과 똑같은 높이에 서 있으면 이해가 안 됩니다. 저 사람 밑에 서 있어야 왜 저런 말을 하는지, 왜 저런 행동을 하는지 이해가 됩니다.

헬라어로 '인내하다'를 '휘포메노'(ὑπομένω)라고 합니다. '휘포'는 'under', '밑에', '메노'는 'stay', '머물다'입니다. 내가 사람과의 관계에서 참을 수 없는 것은 내가 그 사람 위에 있거나 대등한 관계에 있기 때문입니다. 그 사람 밑에 들어가면 참을 수 있습니다. 왜입니까? 언더, 스탠드, 이해가 되기 때문입니다.

성경이 말하는 교만은 '프휘시오오'(φυσιόω)라고 합니다. 그러니까 풀무질입니다. 나한테 풀무질을 하면 내가 커지지 않겠습니까? 교만은 실제로는 하나만 했음에도 열 개 했다고 풀무질하는 것입니다. 그래서 잠언은 교만을 패망의 선봉이라고 합니다. 아주 좋은 표현입니다. 스스로 교만해서 풀무를 꽂아 놓고 풀무질을 하면 풍선이 터지듯이 나는 터집니다. 그런데 대다수 사람들이 그 길을 갑니다.

여러분, 바울이 에베소에 있을 때 온갖 능력이 다 일어났습니다. 심지어 바울이 작업할 때 걸치는 앞치마, 작업할 때 흐르는 땀을 닦은 수건에만 손을 대어도 병이 나았습니다. 말하자면 바울은 자기 자신을 풀무질하기 굉장히 좋은 상태에 있었던 것입니다. "저 사람 내가 기도해 줘서 나았습니다. 저 사람 내가 만나서 축복 기도 해줬더니 부자 됐습니다." 얼마든지 풀무질할 수 있었습니다. 그만큼 에베소에서 큰일들이 많이 일어났습니다. 하지만 바울은 고린도전서 15장 8절에서 자기를 가리켜서 "나는 만삭되지 못하여 난 자", 즉 팔삭둥이라고 합니다. 요즘은 인큐베이터가 있기 때문에 만삭 전에 태어나도 위험할 일이 적습니다. 하지만 제가 어릴 때만 해도 모자란 사람을 팔삭둥이라고 불렀습니다. 바울은 지금 큰 능력을 행하면서도 '나는 팔삭둥이입니다'라고 하고 있습니다. 자신을 풀무질하지 않았습니다. 고린도전서 15장 10절입니다.

—— **내가 나 된 것은 하나님의 은혜로 된 것이니**

바울은 일평생 낮은 마음을 지니고 있었습니다. 낮은 마음을 가지고 있었기에 에베소 사람들 아래에 설 수 있었고 모든 시련을 인내할 수 있었던 것입니다. "내가 여러분 아래에서 온갖 환난을 다 겪었지만 아래에 거하면서 인내하던 것 다 보고 아시죠?"라고 말한 것과 같습니다.

세 번째는 눈물입니다. 믿는 사람의 눈물은 하나님과 자신을 동여매는 동아줄입니다. 주님을 위해 자발적으로 시련을 감수하는 사람, 그 사람은 사생의 사람, 사생결단의 사람이기 때문에 주님을 위해 시련을 기꺼이 감수합니다. 그런 사람은 시련이 크고 절망의 폭이 넓고 깊다고 해서 사람을 찾아가서 울지 않습니다. 세상의 것을 붙잡고 도움을 청하지 않습니다. 왜입니까? 사생의 사람들은 세상 사람들로부터 참된 위로가 오지 않는다는 것을 알기 때문입니다.

예수님께서 마태복음 5장 4절을 통해서 이렇게 말씀하십니다. "애통하는 자는 복이 있나니 그들이 위로를 받을 것임이요." 애통하는 자, 창자가 끊어질 듯이 하나님 앞에서 우는 자가 복이 있습니다. 왜입니까? 그들이 하나님의 위로를 받을 것이기 때문입니다. 여러분, 솔직하고 냉정하게 생각해 보십시다. 내가 누구를 위로한다고 할 때 어떤 경우에 위로합니까? 어떤 사람이 하루 벌어서 자식들하고 하루 먹고 사는데 그날 번 것을 사기당했습니다. 오늘 하루 임금을 사기당해서 자식들이 굶게 생겼으니까 하루 임금만큼만 좀 빌려 달라고 그 사람이 나한테 왔다고 하십시다. 열심히 일해서 조금씩 갚겠다고 할 때 여러분이 하루 임금을 빌려줄 돈이 있으면 빌려주면 됩니다. 그런데 위로한다는 것이 무슨 말입니까? 그 사람에게 빌려줄 돈이 없거나 돈이 있어도 빌려줄 마음이 없을 때 위로합니다. 그래서 인간의 위로는 빈 위로입니다.

우리가 누군가를 위로했던 것, 깡통처럼 텅텅 빈 위로 아니었습니까? 바울은 3년 동안 그 우상이 창궐하는 우상의 도시에서 복음을 전하면서 온갖 고난과 환난과 시련을 당했지만 사람에게 도움을 청하지 않았습니다. 오직 하나님 앞에서만 울었습니다. 하나님 앞에서 눈물로 호소했습니다. 내가 하나님 앞에 눈물을 흘릴 때 하나님께서는 빈말로 위로하시지 않습니다. 내 상황은 하나도 변하지 않지만 하나님의 위로로 인해 나는 그 상황을 견딜 수 있는 힘을 얻습니다. 아니면 그 상황을 극복할 수 있는 힘을 얻습니다. 주머니에는 여전히 돈이 없습니다. 그러나 나에게 문제가 되었던 상황이 더 이상 문제가 안 됩니다. 나를 둘러싸고 나를 넘어뜨리려고 하는 시련이 주님의 위로 속에서는 더 이상 시련이 아닙니다. 그래서 바울은 주님 앞에서만 울었습니다. 사생의 사람이었기 때문입니다.

여러분이 아는 바라

20절입니다.

—— 유익한 것은 무엇이든지

이 유익한 것은 누구에게 유익한 것입니까? 바울 자신에게 유익한 것이 아닙니다. 내가 사랑해야 할 사람들에게 유익한 것이라면 "공중 앞에서나 각 집에서나", 즉 공개적으로나 사적으로나 "거리낌 없이 여러분에게 전하여 가르치고"라고 합니다. 여러분에게 유익하다면 공개적으로든 사적으로든 거리낌 없이 복음을 다 전했다는 말입니다. 여기에서 거리낌이 없다는 말의 뉘앙스를 그대로 옮기면 어떤 불이익도 개의치 않았다는 말입니다.

여러분, 에베소에는 고대 불가사의 가운데 하나였던 아데미 신전이 있었습니다. 도저히 사람의 손으로 지었다고 볼 수 없기에 불가사의하다는 신전이었습니다. 그 아데미 신전은 아데미 여신을 섬기는 신전이었습니다. 수많은 사람들, 수많은 사제들이 그 속에서 일했습니다. 그 신전을 참배하러 사방팔방에서 수많은 사람들이 찾아왔습니다. 참배하러 오는 사람들이 잠을 자야 하니 숙박업자도 있었을 것입니다. 그 사람들한테 밥을 파는 식당 주인도 있었을 것입니다. 그 사람들에게 기념품을 파는 사

람들도 있었을 것입니다.

    이탈리아 프로 축구팀이 굉장히 상업화되어 있는데 과장해서 말하면 이탈리아 국민의 3분의 1이 직간접적으로 프로 축구팀과 관련되어 먹고산다고 합니다. 에베소 시민도 상당수가 에베소 신전 때문에 먹고살았을 것입니다. 바울은 죽은 돌을 보고 사람이 경배하는 것은 있을 수 없는 일이라고 보았고 사람이 손으로 만든 것은 절대 신이 아니라고 가르쳤습니다. 그들의 유익을 위해서입니다. 그것 때문에 바울이 곤욕을 치렀습니다. 그러나 바울은 어떤 불이익도 두려워하지 않았습니다. 21절입니다.

──── 유대인과 헬라인들에게 하나님께 대한 회개와 우리 주 예수 그리스도께 대한 믿음을 증언한 것이라

    언뜻 보면 바울이 헬라인과 유대인에게 전도했을 뿐 별것 아니라고 생각됩니다. 하지만 이것은 엄청난 시련을 자초하는 일입니다. 유대인들은 예수를 국사범으로 못 박아 죽인 사람들 아닙니까? 그 유대인들을 향해서 '너희들이 못 박아 죽인 예수가 하나님이다. 회개하라, 주 예수를 믿으라'고 말한 것입니다. 유대인들의 믿음의 정체성을 부정해 버렸습니다. 바울이 가는 곳마다 유대인들이 돌로 쳐 죽이려고 했던 이유입니다.

    헬라인에게도 회개하라고 했습니다. 헬라인들은 어떤 사람들입니까? 신을 믿는 사람들입니다. 헬라인들이 볼 때 이 세상에는 수많은 신들이 있습니다. 그 수많은 신들은 지역을 쪼개어서 통치하거나, 자기 구역이 있거나, 아니면 각기 다른 역량을 가지고 있습니다. 헬라인은 여러 신들을 믿었습니다. 그 헬라인들에게 '신은 유일하신 하나님 외에 없으니 회개하고 예수를 믿어라'고 한 것 역시 헬라인의 영적 정체성을 부정해 버린 것입니다. 유대인에게 복음을 전하는 것, 헬라인에게 복음을 전하는 것 모두 목숨을 걸지 않으면 안 됩니다. 어떻게 이렇게 할 수 있었겠습니까? 바울은 일평생 자기 정체성을 잊지 않았습니다. 주님께서 아나니아를 통해서 바울에게 하신 말씀이 있었습니다. 사도행전 9장 15절 상반절입니다.

—— **이 사람은 내 이름을 이방인과 임금들과 이스라엘 자손들에게 전하기 위하여 택한 나의 그릇이라**

'착한 사람들을 위한 나의 그릇'이 아닙니다. "이방인"을 위한 나의 그릇입니다. 그 이방인은 헬라인을 포함하여 비유대인 전체를 가리킵니다. "임금들", 지체 높은 사람들입니다. "이스라엘 자손들", 남녀노소와 빈부귀천을 막론한 모든 유대인입니다. 그렇다면 이 말은 무엇을 가리킵니까? 세계 만민입니다. 이 바울은 세계 만민을 위하여 택한 나의 그릇이라는 뜻입니다.

바울은 교회를 짓밟던 폭도였습니다. 바울은 한 번도 예수님에게 자비를 구한 적이 없었습니다. 예수를 부정하던 사람입니다. 그 바울을 예수님께서 다메섹 도상의 일행 가운데서 핀셋으로 뽑아내셨습니다. 바울은 너무나 잘 알고 있었습니다. 내가 부정하던 예수님이 나를 일방적으로 뽑아내신 이유는 모든 사람에게 당신의 사랑의 법, 생명의 법을 전하라는 것임을 알았습니다. 그래서 바울은 "헬라인이나 야만인이나 지혜 있는 자나 어리석은 자에게 다 내가 빚진 자라"고 했습니다. 이 말을 하면 나를 죽이려 하겠지만 생명을 걸고 말한 것입니다.

여러분, 사도행전을 보면 유대인들이 바울을 죽이려고 돌을 던질 때 헬라인들이 합세해서 돌을 던지는 장면이 여러 번 나옵니다. 헬라인늘이 왜 그렇게 했겠습니까? 너희 믿음은 틀렸고 회개하고 예수를 믿으라고 하니 얼마나 자존심 상했겠습니까? 그래서 돌을 던지는 것입니다. 바울이 어떻게 자기 정체성을 잊지 않고 목숨을 걸고 그렇게 할 수 있었겠습니까? 사생의 사람, 사생결단의 사람이었기 때문입니다.

바울이 에베소 장로들에게 유언을 합니다. "내가 헬라인이라고 몸을 사렸습니까? 유대인들이 돌을 던진다고 입을 봉했습니까? 내가 누구에게든지 예수를 전하기 위해서 목숨을 걸고 산 것, 그 사생결단의 삶을 다 보고 아시죠?"라고 말하는 것입니다. 18절을 다시 보겠습니다.

──── 아시아에 들어온 첫날부터 지금까지 내가 항상 여러분 가운데서 어떻게 행하였는지를 여러분도 아는 바니

우리말 어순과 헬라어 어순은 다릅니다. 우리말 어순대로 번역을 하니까 "내가 여러분 가운데서 어떻게 행하였는지를 여러분도 아는 바니"에서 '안다'라는 단어가 제일 뒤에 나왔습니다. 헬라어 원문은 그렇지 않습니다. 원문을 그대로 번역하면 이렇습니다. "여러분도 알고 있습니다." 여러분이 안다는 말이 제일 먼저 나옵니다. 헬라어 동사에는 본래 주어가 붙지 않습니다. 동사 끝 어미를 보면 주어, 인칭, 복수, 단수가 표현이 되기 때문입니다. 동사만 보면 인칭, 복수, 단수를 알게 됩니다. 그래서 일반적으로 주어를 쓰지 않습니다. 주어를 쓸 때는 주어를 강조할 때입니다. 이 본문에서 바울이 알고 있다고 말하는 헬라어 단어 '에피스타마이'(ἐπίστασθε)는 머리로 아는 것이 아니라 삶에서 체득하여 아는 것을 가리킵니다. 이 단어만 써도 표현이 되는데 바울은 '휘메이스'(ὑμεῖς)라는 2인칭 복수형 주어를 따로 썼습니다. 강조하기 위함입니다. "다른 사람이 아니라 당신들 다 아시죠?"라고 바울이 유언을 시작한 것입니다. "여러분도 알고 있습니다. 아시아에 첫발을 내디딘 이래 내가 여러분 가운데에서 어떻게 살아왔는지를 말입니다. 내가 어떻게 살아왔는지 여러분이 다 보고 압니다." 이것이 유언의 첫마디입니다.

여러분, 바울은 이때 청년이 아닙니다. 인생 말년에 접어든 데다가 지병에 시달리는 노약한 사람이었습니다. 그 사람이 3년 동안 에베소 사람들을 위해서 온갖 시련을 감수하고, 그들 밑에서 그들을 섬기면서 고통스러울 때면 하나님 앞에서만 울었습니다. 그들에게 유익하다면 공개적으로나 사적으로나 무슨 말이든지 꺼리지 않았습니다. 에베소에 사는 헬라인, 유대인 모두에게 목숨을 걸고 복음을 전했습니다.

"여러분, 이거 다 아시죠?"라고 왜 바울이 말하겠습니까? 자신을 드러내기 위해서, 자랑하기 위해서가 아닙니다. "여러분, 내가 이곳에 첫발을 내디딘 이래 3년 동안 어떻게 살아왔는지 다 아시죠? 아는 것으로 그치지 말고 보고 겪고 아는 그대로 사십시오." 이 말을 하고 싶은 것입니다.

삶으로 쓰는 이력서

그래서 바울이 33절에서 35절에 걸쳐 이렇게 유언을 결론짓습니다.

―― 내가 아무의 은이나 금이나 의복을 탐하지 아니하였고

3년 동안 함께 있으면서 내 유익을 위해서 여러분의 것을 탐한 적이 없다고 합니다. 34절에서도 '알다'가 나옵니다.

—— **여러분이 아는 바와 같이 이 손으로 나와 내 동행들이 쓰는 것을 충당하여**

지금 에베소 장로들에게 이 구절을 유언할 때 바울이 손을 들고 얘기하지 않았겠습니까? 바울은 천막을 지어 팔면서 자비량으로 전도를 했습니다. 그런데 자기와 함께하는 일행들은 기술이 없습니다. 여행을 다니면서 뭔가 만들어 팔 수 있는 재간이 없습니다. 그래서 자신의 경제적 필요만 자기 손으로 충당한 것이 아니라 그들에게 필요한 경비도 이 손으로 충당했던 것을 여러분이 안다는 뜻입니다. 35절입니다.

—— **범사에 여러분에게 모본을 보여준 바와 같이 수고하여 약한 사람들을 돕고**

"수고하여"는 명령형입니다. 수고하라는 뜻입니다. "약한 사람들을 돕고"에서 우리말 표현은 굉장히 약하지만 헬라어 원문에는 '데이'(δεῖ)라고 하는 조동사가 있습니다. '반드시'라는 뜻입니다. 내가 여러분에게 모범을 보여 준 바와 같이 여러분도 수고하고 반드시 약한 사람을 도우라는 것입니다. 왜입니까? 자신이 그렇게 살라며 3년 동안 본을 보였기 때문입니다. 다 보고 알지 않느냐는 것입니다.

―― 또 주 예수께서 친히 말씀하신 바 주는 것이 받는 것보다 복이 있다 하심을 기억하여야 할지니라

바울이 약한 자를 위해서 자기의 모든 것을 주고, 복음을 위해서 사생결단의 삶을 살았던 것은 하나님의 말씀을 기억했기 때문입니다. 말씀의 토대가 그 속에 있었기 때문입니다. 그러므로 여러분도 나를 본받아서 말씀의 토대 위에서 반드시 약한 사람들을 돕고, 수고해야 할 때 수고하고, 나처럼 살라고 유언을 남긴 것입니다. 말하자면 일평생 사생결단의 삶을 살아온 바울의 삶 자체가 에베소 장로들에게는 그들이 살아가야 할 삶의 이정표였습니다. 그것을 지금 보여 주는 것입니다.

바울 당시에는 자천서나 추천서를 들고 다니는 거짓 교사들이 있었습니다. 자천서는 자기를 추천하는 서류입니다. 추천서는 유명한 사람들이 나를 추천하는 서류입니다. 자천서나 추천서에 반드시 들어가는 것이 있습니다. 당사자의 이력입니다. 나는 이런이런 이력이 있고, 이것을 잘했고 이렇게 근면한 사람이니 나를 써달라고 자천서를 쓸 것 아닙니까? 다른 사람이 추천

서를 써주는 경우에도 내 이력이 들어갑니다. 이 사람은 어디에서 어떤 일을 했고, 이렇게 좋은 일을 많이 한 사람이니 이 사람을 써달라고 씁니다.

여러분, 참된 사도로 살아가는 데는 자천서나 추천서가 필요 없습니다. 그런데 거짓 교사들은 자기가 가짜가 아니라는 것을 증명하기 위해서 자천서나 추천서를 들고 다녔습니다. 자기가 들고 있는 추천서나 자천서가 진짜라는 것을 입증하기 위해서 바울을 가짜라고 매도했습니다. 추천서도 없고 자천서도 없다고, 이력서가 없다고 바울을 매도했습니다. 바울이 가짜여서가 아니라 가짜인 자기가 진짜인 양 행사하기 위함이었습니다. 그런데 바울은 모함을 받으면서도 자기 이력을 밝히는 자천서나 단순한 이력서 한 장 써본 적이 없습니다. 파피루스 종이에 기록해 본 적이 없습니다. 그 이유가 무엇이었겠습니까? 고린도후서 2장 17절에서 3장 3절을 새번역 성경으로 읽어 드리겠습니다.

──── **우리는, 저 많은 사람들처럼 하나님의 말씀을 팔아서 먹고 살아가는 장사꾼이 아닙니다.**

바울 당시에 자천서나 추천서를 들고 다니는 사람들이 굉장히 많았던 것입니다. 바울 눈에 그들은 다 가짜 장사꾼들이었습니다. 오늘날이라고 다를까요? 어느 목사님이 오래도록 담임하시다가 정년 퇴임하시고 후임 목사님을 뽑으면 청빙 위원들이 앉아서 스펙부터 봅니다. 여러분, 스펙으로 그분의 신실성이나 성실성이 드러납니까? 학위증으로 자기 스펙을 쌓는 사람들이 있습니다. 그것이 왜 필요합니까? 바울이 볼 때는 그들이 말씀을 팔아 먹고사는 장사꾼 아니겠습니까?

—— 우리는, 하나님께서 보내신 일꾼답게, 진실한 마음으로 일하는 사람들입니다. 우리는 하나님이 보시는 앞에서, 그리스도 안에서 말하는 것입니다. 우리가 이렇게 말하는 것이 우리 자신을 치켜올리는 말을 늘어놓는 것입니까? 아니면, 어떤 사람들처럼, 우리가, 여러분에게 보일 추천장이나 여러분이 주는 추천장을 필요로 하는 사람들이겠습니까? 여러분이야말로 우리를 천거하여 주는 추천상입니다. 그것은 우리 마음에 적혀 있습니다. 모든 사람이 그것을 알고, 읽습니다.

바울이 일평생 이력서를 한 번도 쓰지 않았던 이유, 자천서를 쓰거나 추천서를 받지 않았던 이유는 자기가 전도해서 그리스도를 믿고 그리스도인으로 살아가는 사람들, 그 사람들이 바울에게 추천장이었기 때문입니다. 그보다 더 확실한 추천장이 어디 있습니까? 여러분, 추천장이나 추천서는 사람이 쓰는 것입니다. 그래서 얼마든지 위조, 변조, 과장이 가능합니다. 100퍼센트 믿을 게 못 됩니다. 바울이 이렇게 계속합니다.

—— 여러분은 분명히 그리스도께서 쓰신 편지입니다.

여러분이 내 추천장인데 이는 그리스도께서 써주신 추천장이라고 합니다. 그리스도께서 보증하시지 않으면 어떻게 바울처럼 교회를 짓밟던 폭도의 말을 듣고 사람들이 그리스도인이 되겠습니까? 그러므로 여러분이야말로 나를 보증해 주는 추천장이고, 그 추천장을 보증하시는 분은 실은 그리스도라는 뜻입니다.

—— 우리는 그것을 작성하는 데에 봉사하였습니다. 그것은 먹물로 쓴 것이 아니라 … 가슴 판에 쓴 것입니다.

예수님께서 바울을 통해서 사람들을 구원하여 생명의 사람들이 되게 하십니다. 그 초청장을 쓰게 하실 때 바울은 그저 조그마한 도구로 봉사했을 뿐입니다. 그런데 주님께서 그 사람들이라는 추천장을 써주신 것입니다. 그 추천장은 파피루스 종이에 쓴 것이 아닙니다. 위조가 불가능합니다. 이것은 주님께서 사람들의 마음속에 새겨 주신 보증서였습니다. 영원히 지워지지 않습니다. '우리에게 복음을 전해 준 분. 저분은 온갖 고난 속에서도 자기의 유익을 구하지 않고 우리의 유익을 위해서 시련을 감수하신 분'이라는 보증서가 마음에 쓰여 있는 것입니다. 그래서 바울은 일평생 자기 이력서나 추천서를 쓸 필요가 없었습니다. 그동안 자기가 살아왔던 삶 자체가 이력서였고, 자기로 인해서 그리스도인으로 우뚝 선 사람들이 추천인들이었기 때문입니다. 그렇다면 지금 바울이 에베소 장로들에게 무엇을 보여 주는 것입니까? 자기 삶의 이력서를 되새겨 주는 것입니다. 내 삶의 이력서를 찬찬히 보라는 것입니다.

여러분은 같은 교회에서 같은 교인으로 신앙생활을 하시지 않습니까? 아마 수십 년 동안 이 교회에서 신앙생활하신 분도 계시고, 또 여러 해 신앙생활하신 분들은 더 많이 계실 것입니다. 그런데 그렇게 오래도록 신앙생활을 같이하신 집사님, 권사님, 장로님, 청년들의 이력서를 본 적 있으십니까? 그분들이 어느 학교 나왔는지 학력을 다 아십니까? 대부분 모릅니다. 종이에 쓴 이력서는 대부분 모릅니다. 그런데 삶의 이력서는 나 압니다. 어떤 분에게 묻습니다. "그 교회 김 집사님이 우리 회사에 지원했는데 그분 어떻습니까?" 그러면 한마디로 "아닙니다"라고 합니다. "이분은 어떻습니까?"라고 물으면 "그분 진짜 예수쟁이입니다"라고 평하기도 합니다. 삶의 이력서를 보고 있기 때문입니다. 저분은 이 교회에서 매일매일 엮어 가는 삶의 이력서가 진짜와 거리가 멀다는 것을, 저분은 내가 존경할 만큼 진짜 예수쟁이로 이력서를 꾸려 나가고 있다는 것을 다 알고 있습니다. 똑같은 논리로 다른 사람도 내 삶의 이력서를 보고 있습니다. 내가 그리스도인으로서 어떻게 살고 있는지, 내가 예배당 안에서만 그리스도인지 밖에서도 그리스도인인지를 사람들이 다 보고 있습니다. 왜입니까? 여러분의 삶 자체가 세상에 보여지는 이력서이기 때문입니다. 그래서 바울이 그 이력서를 지금 하나하나 되새겨 주는 것입니다. 31절에서 바울이 다시 이렇게 얘기합니다.

—— 그러므로 여러분이 일깨어 내가 삼 년이나 밤낮 쉬지 않고 눈물로 각 사람을 훈계하던 것을 기억하라

"일깨어"는 헬라어 동사로 '그레고류오'(γρηγορεύω)인데 지켜보라는 것입니다. 내가 어떻게 살아왔는지 다시 세심하게 지켜보라는 것입니다. '머리가 아니라 삶으로 기억하라, 내가 여러분을 어떻게 사랑하고, 여러분을 위해 어떻게 눈물로 기도하며 훈계했는지 삶으로 기억하고, 그렇게 서로 사랑하라'는 것입니다.

여러분, 유언의 참된 무게는 말에 있지 않습니다. 유언의 무게는 삶으로 결정됩니다. 일평생 사생결단의 삶을 살아온 이력서를 쓴 사람과 일평생 자신과 주위 사람에게 정직하지 못한 이력서를 써온 사람의 유언의 무게가 똑같을 수 있겠습니까? 여러분은 지금까지 어떤 삶의 이력서를 엮어 왔습니까? 만약 여러분의 코끝에 호흡이 멎는 순간 땅을 치고 후회할 수밖에 없는 삶의 이력서를 엮어 오고 있다면, 그런 삶의 이력서는 남아 있는 사람들에게 두고두고 해를 끼치지 않겠습니까?

사랑하는 여러분, 이제부터 무의미하게 죽기 위해 살아온 생사의 삶에 마침표를 찍으십시다. 이제부터 참되게 살기 위해 죽어서 사는 사생의 삶을 살아가십시다. 바울처럼 주님의 뜻을 좇아 살기 위해 사생결단의 삶을 시작하십시오. 우리가 말로 유언을 남길 수 없는 상황 속에서 일생이 끝난다 할지라도, 한마디 유언을 남기지 못한다 할지라도 지금부터 엮어 갈 사생결단의 삶의 이력서는 살아 있는 모든 사람에게 영원한 생명의 유언으로 남을 것입니다. 그런 사람이 복된 사람입니다. 기도하십시다.

주님, 내 처지에서 살기 위해 열심을 다해 왔습니다. 하지만 그것이 죽기 위한 열심이었음을 알지 못했습니다. 살기 위해 열심을 내면 낼수록 그것은 공동묘지를 향해 열심을 다해 치닫는 것이었습니다. 오늘 밤 우리 가운데 임하셔서 우리의 무지를 일깨워 주셔서 감사합니다. 이제 주님 안에서 살기 위해 먼저 죽는 사생의 사람이 되게 해주십시오. 살기 위해 먼저 죽는 사생의 사람만이 주님 안에서 사생결단의 삶을 살 수 있음을 일평생 잊지 않게 해주십시오. 그리하여 우리를 스쳐 지나가는 1초, 1초가 주님께서 보증해 주시는 삶의 이력서로 엮어지게 해주시고, 우리의 코끝에서 호흡이 멎는 순간 그 삶의 이력서가 이 땅에 남아 있는 사람들을 위한 생명의 유언으로 승화되게 해주십시오. 예수님의 이름으로 기도드립니다. 아멘.

보라 이제 나는 성령에 매여 예루살렘으로 가는데 거기서 무슨 일을 당할는지 알지 못하노라 오직 성령이 각 성에서 내게 증언하여 결박과 환난이 나를 기다린다 하시나 내가 달려갈 길과 주 예수께 받은 사명 곧 하나님의 은혜의 복음을 증언하는 일을 마치려 함에는 나의 생명조차 조금도 귀한 것으로 여기지 아니하노라(행 20:22-24).

2

고독, 유언의 동력

사도 바울은 생각 없이, 죽기 위해 살아가는 생사의 사람이 아니라 참되게 살기 위해 먼저 죽는 사생의 사람이었습니다. 그는 주님의 뜻을 위해 사생결단의 삶을 살았고, 그와 같은 삶은 하나님께서 보증하시는 삶의 이력서가 되었습니다. 그리고 바울의 삶의 이력서 자체가 바로 유언이었습니다. 그 유언의 내용을 계속해서 살펴보겠습니다. 오늘 본문에서 바울은 자신의 목숨을 내어놓는 사생결단의 선포를 했습니다.

예수님께서는 십자가에 못 박혀 돌아가시기 전날 밤에 제자들과 마지막 만찬을 가지셨습니다. 저녁 식사가 끝난 뒤에 겟세마네 동산으로 기도하러 가시면서 제자들에게 말씀하셨습니다. "너희가 오늘 밤에 다 나를 버릴 것이다." 그 말을 들은 베드로와 주님 사이에 이런 대화가 오고 갔습니다. 마태복음 26장 33절에서 35절입니다.

—— 베드로가 대답하여 이르되 모두 주를 버릴지라도 나는 결코 버리지 않겠나이다 예수께서 이르시되 내가 진실로 네게 이르노니 오늘 밤 닭 울기 전에 네가 세 번 나를 부인하리라 베드로가 이르되 내가 주와 함께 죽을지언정 주를 부인하지 않겠나이다 하고 모든 제자도 그와 같이 말하니라

베드로는 내가 죽을지언정 주님을 부인하는 일은 없을 것이라고 주님을 위해 목숨을 내어놓겠다고 말했습니다. 곁에 있던 제자들도 죽을지언정 주를 부인하는 일은 없을 것이라고 말했습니다. 그러나 그 말의 여운이 가시기도 전에 베드로는 주님을 세 번 부인했습니다. 목숨을 건다는 것은 말뿐이었습니다. 정작 자신에게 위험이 닥치자 언제 예수를 알았느냐는 듯 면전에서 예수님을 부인했습니다. 그런데 바울은 달랐습니다. 예수님을 위해서라면 내 생명조차 귀하게 여기지 않겠노라고 말만 한 것이 아닙니다. 바울은 주님을 위해 참수형을 당함으로 자기 생명을 내어놓았습니다. 여러분, 우리도 가끔 목숨을 걸곤 합니다. 이 일을 위해 생명을 걸겠다고 합니다. 우리는 어느 쪽입니까? 바울처럼 주님을 위해서 생명을 끝까지 내어놓습니까, 베드로처럼 호언장담하지만 여운이 가시기도 전에 이해관계에 따라서 주님을 부인하는 쪽입니까?

어떻게 바울은 자신의 생명조차 조금도 귀한 것으로 여기지 않는다며 사생결단의 선포를 할 뿐만 아니라 주님을 위해서 참수형을 당하고 죽기까지 할 수 있었습니까? 오늘 바울의 이 선언을 정확하게 이해하기 위해서는 이전 내용에 대한 선이해가 필요합니다.

사역의 전성기, 에베소

19장 21절은 이렇게 시작합니다.

—— 이 일이 있은 후에

어떤 일이 있었습니까? 바울이 3년 동안 에베소에 체류하면서 자신을 통해 주님의 능력이 크게 드러난 후입니다. 말씀의 능력이 드러났을 뿐만 아니라 수많은 병자들이 나았습니다. 가는 곳마다 병자들이 모여서 바울이 일일이 안수합니다. 바울 앞으로 너무 사람들이 모이니까 어제 말씀드렸듯이 바울이 텐트를 만들 때 썼던 앞치마, 작업할 때 땀을 닦던 수건만 잡아도 병자들이 나았습니다. 얼마나 대단합니까? 심지어 바울의 설교를 듣고 에베소에 있는 마술사들이 회개하고 직업을 바꿨습니다.

우리말 성경에 '마술사'라고 번역되어 있는 단어가 '페리엘고스'(περίεργος)입니다. 이 단어의 정확한 뜻은 마술사가 아니라 '마법사'입니다. 마술사는 사람 눈을 속여서 재미있게 해주고 돈을 법니다. 마법사는 사람의 운명을 자기 손에 쥔 것처럼 속이는 점쟁이, 점성술사를 의미합니다. 그 점성술사들이 바울의 복음을 듣고 회개하고, 금과옥조로 삼던 마법 교본, 점성술 교본을 다 모아다가 불살랐습니다. 그 불사른 책의 값어치가 5만 드라크마나 되었습니다. 한 드라크마는 한 사람의 하루분 임금입니다. 5만 드라크마는 한 사람이 1년 열두 달 365일 쉬지 않고 137년을 일해야 벌 수 있는 돈입니다. 그러니 에베소에 얼마나 많은 마법사들이 있었겠습니까?

그 마법사들이 자기네 돈벌이 도구인 5만 드라크마나 되는 마법책을 모아서 함께 불태웠습니다. 에베소에서 바울의 전도 사역이 최절정에 달했을 때입니다. 이런 때에 웬만한 사람이라면 어떻게 하겠습니까? '이제 에베소에서 여생을 보내면 되겠다. 여기서 목사로 평생 살면 에베소 교인들이 내 생활을 보장해 줄 거고 죽을 때까지 평안하게 살겠지?' 바울은 그렇게 살지 않았습니다. 에베소에서 전도 사역의 절정이던 그때가 19장 21절입니다.

—— **이 일이 있은 후에 바울이 마게도냐와 아가야를 거쳐 예루살렘에 가기로 작정하여 이르되**

에베소에 가만히 있으면 편안히 삽니다. 바울은 이때 인생 말년을 보내고 있습니다. 지병에 시달렸습니다. 편안하게 노후를 보낼 수 있습니다. 그런데 마게도냐와 아가야를 거쳐서 예루살렘으로 가야겠다고 결심합니다. 예루살렘에 갈 결심은 이때 이미 선 것입니다. 마게도냐는 바울이 2차 전도 여행 때에 빌립보,

베뢰아, 데살로니가를 직접 방문해서 교회를 세웠던 곳입니다.

거기에는 바울이 전도하여 예수를 믿은 사람들이 있는데 체계적으로 성경을 공부할 수 있는 시스템이 없습니다. 그러니 가서 그들이 얼마나 주님을 잘 섬기고 있는지 보고 도와줄 뿐만 아니라 아가야에 가야겠다고 결심했습니다. 아가야는 고린도가 있는 곳입니다. 2차 전도 여행 때에 바울은 고린도에 1년 6개월을 거하며 전도했을 뿐만 아니라 그 환락의 도시에서 그 유명한 로마서를 썼습니다. 그러니까 이제 가만히 있으면 편합니다. 하지만 바울은 강물처럼 살았습니다. 가만히 고여 있으면 강물이 아닙니다. 강물은 대해를 만날 때까지 쉬지 않고 흘러갑니다. 유유히 흘러가는 강물은 평화롭고 아름답습니다. 그러나 강물 입장에서는 참 힘든 일입니다. 가다가 바위에 부딪혀서 깨어져야 합니다. 때로는 한겨울의 추위에 노출되어야 합니다. 한여름의 열기에 허덕여야 합니다. 그리고 자기의 끝이 올 때까지 흘러가야 합니다. 흘러가는 게 너무 고달파서 흘러가다가 웅덩이에 고이면 그때부터 편안해집니다. 편안해지는 순간부터 썩습니다. 그리스도인은 편안한 삶을 추구하면 안 됩니다. 우리는 강물처럼 흘러가야 합니다. 우리에게 참된 안식은 코끝에서 호흡이 멎는 순간 주님 안에서 안식을 얻는 것입니다. 그때까지는 우리 소명이 다하는 날까지 계속 흘러가야 합니다.

생명력의 비결

바울은 어떻게 일평생 청정한 생명력을 유지할 수 있었습니까? 그는 강물에서 벗어나서 안일한 웅덩이에 갇히려 하지 않았습니다. 에베소에서 안일하게 살 수 있었음에도 주님의 소명을 따라서, 생명의 강줄기를 따라 계속 흘러갔기에 죽을 때까지 생명의 통로가 될 수 있었던 것입니다. 19장 21절을 다시 보시겠습니다.

──── 이 일이 있은 후에 바울이 마게도냐와 아가야를 거쳐 예루살렘에 가기로 작정하여 이르되 내가 거기 갔다가 후에 로마도 보아야 하리라 하고

인생의 마지막을 던질 곳, 주님을 위해서 생의 불꽃을 마지막으로 태울 곳이 로마라고 결심한 곳이 이 에베소입니다. 이때가 언제쯤입니까? 다메섹 도상에서 주님의 부르심을 받고 최소한 20여 년이 흘렀을 때입니다. 바울은 다메섹에서 부르심을 받자마자 즉시 선교사로 자원하면서 로마로 간 것이 아닙니다. 로마에 가서 참수형을 당함으로 우리가 아는 바울이 되기까지 결심하는 데만 20년이 걸렸습니다. 그때까지 바울은 무엇을 했습니까? 인생이라는 모자이크 판에 하루하루 열심히 색종이를 찢어 붙였습니다.

여러분, 인생은 모자이크 판입니다. 예술가가 큰 벽에 타일이든 종이든 모자이크 조각을 붙입니다. 그러면 조수를 시켜서 여기서 여기까지 빨간 타일을 붙이라고 합니다. 조수는 자기가 붙이는 타일이 무슨 모양이 되는지 모릅니다. 그냥 오늘은 일직선으로 빨간 타일을 붙이라고 하니까 빨간 타일을 붙일 뿐입니다. 동원된 조수들은 다 자기가 붙이는 그것만 압니다. 그게 다 합쳐져서 무슨 그림이 될 것인가는 모자이크를 디자인한 예술가만 압니다. 내 인생에 매일매일 색종이를 붙여 갈 때 이 모자이크 판이 어떤 모양으로 완성될지는 하나님만 아십니다. 나는 모릅니다. 나는 매일매일 열심히 붙일 뿐입니다.

바울은 비가 오든, 날씨가 궂든, 춥든, 배고프든, 매를 맞든, 투옥당하든 매일매일 가야 할 소명의 여정에서 매일 한 장씩 색종이를 붙였습니다. 다메섹에서 부르심을 받은 이후 20여 년이 지났을 때 자기 인생의 모자이크 판을 보니 '로마'라고 쓰여 있었습니다.

여러분, 하나님의 뜻은 구름 위에서 이루어지지 않습니다. 인간을 향한 하나님의 뜻은 저 태평양 한가운데에서 이루어지지 않습니다. 인간을 향한 하나님의 뜻은 인간들이 살아가는 이 세상 한가운데에서 이루어집니다. 하나님의 뜻은 산 속에서, 책상 앞에서 골몰한다 해서 알 수 있는 것이 아닙니다. 이 세상의 현

실 속에서 사람들과 부딪히면서 하루하루 모자이크 판의 색종이를 찢어 붙이는 가운데 하나님의 뜻을 분별할 수 있습니다.

그래서 하나님의 뜻대로 사는 사생의 사람일수록 이 세상 사람보다 더 열심으로 살아야 합니다. 주어진 소명에 더 투철해야 합니다. 그런 사람을 보고 우리가 사생결단의 사람이라고 합니다. 바울은 사생결단의 삶을 사는 가운데 로마가 인생 최후의 목적지임을 안 것입니다.

소요와 바울의 고백

20장 1절을 보시겠습니다.

—— 소요가 그치매 바울은 제자들을 불러 권한 후에 작별하고 떠나 마게도냐로 가니라

에베소는 고대 7대 불가사의 가운데 하나인 아데미 신전이 있는 곳이었습니다. 당시에 조금이라도 신적인 것을 찾는 사람들은 그 불가사의한 신전에 가서 빌면 좀 더 복을 받을까 해서 원근 각처에서 찾아왔습니다. 그러니 에베소 사람들이 그 신전 때문에 먹고살지 않았겠습니까?

우상에 사로잡혀서 어리석게 살아가는 그들을 일깨워 주기 위해서 사도 바울이 손으로 만든 것은 신이 아니라고, 신이 우리를 만들었지 어떻게 사람이 신을 만들 수 있느냐고 이야기했습니다. 에베소 사람들을 일깨워 줬습니다. 바울의 설교를 귀담아 들은 사람들도 있었지만 그 가운데 에베소 신전과 아데미 여신을 은으로 세공해서 팔아먹는 데메드리오가 발끈했습니다. 데메드리오는 세공업자와 거기에 딸린 직원들을 선동했습니다. '저 바울이라는 사람이 사람의 손으로 만든 건 신이 아니라고 하는데, 만약 사람들이 바울의 말을 듣고 신전에 가서 참배를 안 하면 신전과 여신을 은으로 만들어서 팔아먹는 우리는 망한다, 저 인간 없애야 된다'고 선동했습니다. 에베소 사람들이 바울을 죽이겠다고 뛰쳐나왔습니다. 바울에게는 일촉즉발의 위기 상황이었습니다.

그때 에베소의 서기장이 군대를 동원해서 바울이 생명을 부지합니다. 하나님께서 그 소요 속에서 에베소 서기장을 도구로 써서 바울을 구해 낸 것입니다. 가는 곳마다 바울을 죽이려는 사람들이 많았습니다. 하지만 그때마다 바울을 살려 주는 사람이 있었고, 살려 주는 사건이 있었습니다. 그 배후에 하나님이 계셨습니다.

—— 소요가 그치매 바울은 제자들을 불러 권한 후에 작별하고 떠나 마

게도냐로 가니라

이 제자들은 에베소 제자들입니다. 마게도냐에 가면 빌립보, 베뢰아, 데살로니가 교회가 있습니다. 빌립보는 어떤 교회입니까? 2차 전도 여행 때에 바울이 에게해를 건너서 마게도냐에 갑니다. 그곳은 유럽 1호 세례교인 루디아가 있는 곳입니다. 그 루디아의 집이 빌립보 교회가 되었습니다. 그 마게도냐에 가서 아가야에 있는 고린도에 이르기 전에 쓴 편지가 고린도후서입니다. 에베소에서 이 소요가 끝난 뒤에 바울은 곧장 배를 타고 마게도냐에 도착하자마자 고린도에 편지를 보냅니다. 이 고린도후서 4장 8절 구절을 통해 바울이 이렇게 말합니다.

—— 우리가 사방으로 욱여쌈을 당하여도 싸이지 아니하며 답답한 일을 당하여도 낙심하지 아니하며 박해를 받아도 버린 바 되지 아니하며 거꾸러뜨림을 당하여도 망하지 아니하고

무슨 고백입니까? 길게는 주님을 만난 이후에 주님의 부르심을 따라 살아온 일생에 대한 고백입니다. 짧게는 방금 에베소에서 자기를 죽이려고 했던 그 소요에서 살아난 이야기입니다. 사방에서 에워쌈을 당하고, 나를 거꾸로 뜨리려 하고, 나를 모함하고, 나를 답답하게 만들어도 하나님은 절대 나를 쓰러지게 만드

시지 않았다는 것입니다.

여러분, 우리가 살아갈 때 답답한 일을 당합니다. 사방에서 사람들이 우리를 욱여쌉니다. 왜 욱여쌈을 당하느냐가 중요합니다. 거짓말하고 불의하게 살았기 때문에 욱여쌈을 당한다면 값을 치러야 합니다. 그런데 주님을 더 잘 믿기 위해서, 의를 실천하기 위해서, 진리의 증인이 되기 위해서 사방으로 욱여쌈을 당하고 답답한 상황에 내던져진다면 걱정하지 마십시다. 결국 주님께서 책임지십니다. 우리가 주님을 위해서 생명을 걸고 사생결단의 삶을 살았는데도 결국 주님이 내 생을 붙잡아 주시지 않는다면 그 주님은 죽은 주님입니다. 그 주님은 목석과 다를 바가 없습니다. 그런 주님을 위해 우리가 생명을 걸어야 할 이유가 있겠습니까? 바울이 주님께 생명을 걸었던 것은 주님은 살아 계신 주님이시요 주님을 위해 생명을 걸 때 반드시 주님께서 당신의 방법으로 자기 인생을 책임져 주셨기 때문입니다.

마게도냐를 걸어서

20장 2절입니다.

—— 그 지방으로 다녀가며 여러 말로 제자들에게 권하고 헬라에 이

르러

그 지방은 마게도냐, 그러니까 빌립보, 베뢰아, 데살로니가 지방입니다. 이곳을 다녀가며 2차 전도 여행 때 만났던 교인들에게 복음의 말씀으로 다시 권면했습니다. "헬라에 이르러"는 고린도에 이르렀다는 말입니다. 3절입니다.

―― 거기 석 달 동안 있다가 배 타고 수리아로 가고자 할 그 때에 유대인들이 자기를 해하려고 공모하므로 마게도냐를 거쳐 돌아가기로 작정하니

고린도에서 바울이 석 달 동안 있었습니다. 그리고 바울은 "내가 마게도냐와 아가야를 거쳐서 예루살렘으로 가리라"고 했습니다. 고린도에서 예루살렘으로 바로 가기 위해서 배를 타고 수리아에 내려서 예루살렘으로 가려고 했습니다. 수리아는 바로 예루살렘 윗 지방을 얘기합니다. 고린도에서 배를 타면 바로 갈 수 있으니 제일 편합니다.

―― 그 때에 유대인들이 자기를 해하려고 공모하므로 마게도냐를 거쳐 돌아가기로 작정하니

고린도에 있는 유대인들이 배교자 바울을 죽이기로 작정했습니다. 고린도에서 수리아로 가는 배에 바울과 같이 타서 배 위에서 바울을 죽여 버리기로 공모했습니다. 여러분, 그때에 무슨 과학적인 수사 기법이 있겠습니까? 캄캄한 밤에 끌고 나와서 바다에 던져 버리면 완전 범죄가 됩니다. 이때에도 하나님의 방법으로 그 음모가 바울에게 알려졌습니다. 누구를 통해서 어떻게 알려졌는지 성경은 가르쳐 주지 않습니다. 중요한 것은 하나님께서 알게 해주셨다는 것입니다. 바울은 고린도에서 배를 타고 수리아로 바로 가면 편합니다. 그런데 배 위에서 자기를 암살하려는 사람들이 있다는 첩보를 받고 고린도에서 저 북쪽 마게도냐로 올라가서 빌립보 옆에 있는 네압볼리에서 에게해를 건너 드로아를 거치기로 합니다. 엄청나게 돌아서 갑니다.

고린도에서 에게해로 가는 배가 있는 네압볼리까지 가는 데만 600킬로미터를 걸어가야 합니다. 하루에 30킬로미터를 걸어간다고 해도 만 20일을 해만 뜨면 걸어야 합니다. 그렇게 우회했습니다. 20장 4절입니다.

—— 아시아까지 함께 가는 자는 베뢰아 사람 부로의 아들 소바더와 데살로니가 사람 아리스다고와 세군도와 더베 사람 가이오와 및 디모데와 아시아 사람 두기고와 드로비모라

예루살렘 모교회가 대흉년을 당했습니다. 고린도에서 배를 타고 가려고 했던 바울이 마게도냐 위쪽으로 걸어서 에게해를 건너게 되니 데살로니가 교회, 베뢰아 교회, 빌립보 교회를 다시 거쳐서 가게 됩니다. 대흉년을 당해서 고통을 받는 예루살렘 모교회는 당시 세계에서 제일 큰 교회입니다. 그 교회를 위해서 데살로니가 교회, 베뢰아 교회, 이 미약한 가정 교회들이 헌금을 했습니다. 그리고 그 교회마다 지도자가 한 사람씩 바울을 따라 예루살렘으로 가는 것입니다.

여러분, 이것은 정말 본받아야 할 일입니다. 작은 교회는 늘 큰 교회의 지원을 받는 것이 마땅하다고 잘못 생각합니다. 2천 년 전 마게도냐에 있던 그 조그마한 가정 교회들이 예루살렘 모교회가 흉년을 당해서 어려움에 처해 있다는 걸 알고 그 큰 교회를 위해서 헌금했습니다. 이것이 성도의 교제입니다. 5절에서 6절입니다.

―― **그들은 먼저 가서 드로아에서 우리를 기다리더라**

마게도냐에서 에게해를 건너면 튀르키예 대륙, 그러니까 소아시아 대륙의 소아시아 반도 항구가 나옵니다. 바울과 함께 헌금을 가지고 가는 그 조그마한 교회 대표자들은 마게도냐의 네압볼리 항구에서 드로아로 먼저 가서 기다립니다.

주어의 변화

—— 우리는 무교절 후에 빌립보에서 배로 떠나 닷새 만에 드로아에 있는 그들에게 가서 이레를 머무니라

바울을 포함한 일행은 마게도냐 땅에 닷새 더 남아 있다가 늦게 드로아로 가서 이제 일주일 동안 머물다가 떠났다는 것입니다. 이 구절에서 중요한 것은 주어입니다. 주어가 '우리'로 바뀌었습니다. 방금 전까지는 '바울', '그들'이 주어였습니다. 그런데 이 20장 5절, 6절부터 바울을 포함하여 주어가 1인칭 복수형이 됩니다. 왜 그렇습니까? 바울이 2차 전도 여행을 할 때 드로아에 내려갔다가 에게해 너머 마게도냐 사람의 환상을 봅니다. 건너와서 우리를 도와 달라고 합니다. 그래서 성령의 명령이라고 여기고 바울이 바다를 건너서 마게도냐로 감으로써 유럽 전도가 시작되는데 그때부터 주어가 '우리'로 바뀝니다. 왜냐하면 그 드로아에서 사도행전을 기록한 의사 누가가 합류했기 때문입니다. 아마도 의사 누가는 드로아에 살고 있었던 것 같습니다. 누가는 드로아를 방문했던 바울을 통해서 주님을 영접하고 의사직을 버렸습니다. 의사로서 편안하게 살 수 있었지만 그것을 버리고 바울 한 사람의 건강을 돌보아 주면서 그의 모든 족적을 기록으로 남긴 사람이 누가입니다.

그런데 마게도냐를 건너 빌립보에서 루디아가 세례를 받고 그 집이 첫 번째 유럽 교회가 된 후 바울이 데살로니가, 베뢰아, 아덴을 거쳐 마게도냐를 떠나는 순간부터 '우리'라는 주어가 없어집니다. "다시 바울이"라는 말로 바뀝니다. 이것이 무슨 말인가 하면 그 마게도냐 지방에 바울이 영적 지도를 위해서 누가를 남겨둔 것입니다. 그들을 두고 떠나려니 그들이 너무 안쓰러운 것입니다. 그래서 바울이 누가를 남겨 두고 아덴과 고린도를 거쳐서 본거지인 수리아 안디옥으로 갔다가 3차 전도 여행을 시작한 뒤, 지금 빌립보에서 다시 누가를 만나기 위해 뒤늦게 간 것입니다.

그렇다면 여러분, 생각해 보십시오. 만약 바울이 고린도에서 편안하게 배를 타고 수리아로 갈 때 유대인들이 죽이려고 공모하지 않았다면 바울은 배를 탈 수 있었습니다. 하지만 그랬다면 누가를 다시 못 만납니다. 유대인들이 바울을 죽이려고 했기 때문에 어쩔 수 없이 600킬로미터를 걸어서 그 노구를 이끌고 마게도냐까지 걸어 올라갔습니다. 그래서 누가를 다시 만났습니다. 그 누가가 이후의 모든 행적을 사도행전에 기록했습니다.

여러분, 사도 바울이 자기 손으로는 이력서를 쓴 적이 없다고 하지 않았습니까? 바울이 많은 서신서를 남겼습니다. 로마서, 고린도전·후서, 갈라디아서 등등 어떤 서신서에도 내가 루스드라에 가서 앉은뱅이를 일으켰다고, 내가 죽은 유두고를 살렸다고 자기 행적을 한마디도 밝히지 않습니다. 바울이 전도 사역을 하면서 일어났던 표적과 이적은 모두 누가 기록했습니다. 무슨 말입니까? 하나님이 바울의 이력서를 당신의 보증하에 누가를 통해서 기록되게 하신 것입니다. 그 누가를 만나게 하시려고 바울을 죽이려는 유대인들의 공모가 고린도에서 있었고, 바울은 고린도에서 600킬로미터를 걸어가야 했던 것입니다.

여러분, 우리의 삶 자체는 이력서입니다. 바울이 자기 손으로 자기 행적을 한 줄도 쓰지 않았지만 하나님께서 누가를 통해 바울의 행적을 세세하게 남기셨습니다. 그렇듯이 주님의 뜻대로 사생결단의 삶을 살아가는 여러분의 삶을 누군가의 심령 속에 하나님께서 당신의 방법으로 새겨 주고 계십니다. 그래서 여러분의 삶을 보고 나도 저렇게 살겠다고 그 누군가의 삶이 지금 변화되고 있을 것입니다. 우리 주님은 그런 분이십니다. 13절을 보십시다.

—— **우리는 앞서 배를 타고 앗소에서 바울을 태우려고 그리로 가니 이는 바울이 걸어서 가고자 하여 그렇게 정하여 준 것이라**

마게도냐의 조그마한 교회 지도자들은 먼저 드로아에 가서 기다리고 바울은 마게도냐 땅에서 누가를 만나서 그들과 함께 드로아에 가서 합류하여 일주일을 머물렀다고 했습니다. 그 일주일의 마지막 날 밤, 바울은 죽은 유두고를 살리는 이적을 행하였습니다. 그리고 이제 드로아를 떠납니다.

—— 우리는 앞서 배를 타고 앗소에서 바울을 태우려고 그리로 가니

여기서 우리는 '누가'를 포함한 바울 일행입니다. 드로아에서 바울 일행은 먼저 배를 타고 앗소까지 가서 바울이 오기를 기다립니다. 바울이 드로아에서 앗소까지 혼자서 걸어오기 때문입니다. 여러분, 이때 바울은 젊은이가 아닙니다. 그런데 누가, 디모데 같은 젊은이들은 배를 타고 가고, 바울은 걸어갔다는 것입니다. 이것은 오늘 사생결단의 선언인 바울의 유언과 밀접한 관계가 있습니다.

예루살렘행 결심

이 배경 속에서 오늘 본문인 20장 22절을 다시 보십시다.

—— 보라 이제 나는 성령에 매여 예루살렘으로 가는데 거기서 무슨 일을 당할는지 알지 못하노라

바울은 임의로 계획해서 예루살렘으로 가려는 것이 아닙니다. 성령에 매여서, 성령에 이끌려 가는 것입니다. 그런데 바울은 성령에 이끌려서 예루살렘으로 가는데 거기서 무슨 일을 당할지 모른다고 합니다. 이것은 안다는 것을 역설적으로 표현한 것입니다. 그 증거가 23절입니다.

── **오직 성령이 각 성에서 내게 증언하여 결박과 환난이 나를 기다린다 하시나**

바울은 성령님께 이끌려서 지금 예루살렘으로 가기로 작정을 했습니다. 여기서 "각 성"은 고린도, 데살로니가, 베뢰아, 빌립보, 드로아입니다. 이 성을 지날 때마다 성령님께서 계속 말씀하시는 것입니다. 네가 가야 할 예루살렘에는 환난과 결박이 도사리고 너를 기다리고 있다고 말입니다. 그러니까 바울은 예루살렘으로 들어가면 결박당하고 환난을 당하고 죽음의 고난까지 당할 것을 너무나도 잘 알고 있습니다. 왜입니까? 각 성에서 성령님께서 계속 가르쳐 주시기 때문입니다. 여러분이라면 어떻게 하시겠습니까? 어느 곳으로 가서 전도하는 삶을 살겠다고 한 그 다음 날부터 어디를 가나 주님께서 계속 일깨워 주신다고 하십시다. 거기 가면 환난과 결박과 투옥과 죽음의 고난이 기다리고 있다고 말입니다. 그러면 대부분 사람들은 '아, 거기 가려는 것은 내 뜻이었고 성령님께서 나를 막으시는구나'라고 생각할 것입니다. 그래서 나를 막아 주신 성령님께 감사드리고 다른 데로 갈 것입니다. 환난과 결박이 있다고 가르쳐 주셨는데 구태여 갈 이유가 없습니다. 그런데 바울은 이렇게 말했습니다. 24절입니다.

―― **내가 달려갈 길과 주 예수께 받은 사명 곧 하나님의 은혜의 복음을 증언하는 일을 마치려 함에는 나의 생명조차 조금도 귀한 것으로 여기지 아니하노라**

환난과 결박이 기다린다고 성령님께서 각 성에서 계속 일깨워 주시는데도 죽는 한이 있어도 예루살렘에 갈 거라고 합니다. 바울의 해석은 우리와 다릅니다. 우리라면 성령님께서 나로 하여금 가지 말라고, 예루살렘을 피하라고 가르쳐 주신다고 해석할 텐데 바울은 다르게 해석했습니다. "바울아, 네가 지금부터 가야 할 예루살렘은 절대 영광과 박수갈채의 길이 아니다. 네가 지금부터 가야 할 예루살렘 길은 환난과 절박과 투옥과 고난의 길이다. 그러나 바울 너는 나를 위해서 그 길을 가리라 믿는다." 바울은 그렇게 해석한 것입니다.

―― **복음을 증언하는 일을 마치려 함에는 나의 생명조차 조금도 귀한 것으로 여기지 아니하노라**

성령께서 환난과 결박을 가르쳐 주시는데 그것을 알고도 가겠다며 사생결단의 선언을 했습니다. 바울은 이 사실을 알면서도 환난과 결박이 기다리는 예루살렘으로 어떻게 들어갈 수 있었습니까? 20장 13절과 밀접한 관계가 있다고 했습니다. 본문을 다시 보십시다.

──── 우리는 앞서 배를 타고 앗소에서 바울을 태우려고 그리로 가니 이는 바울이 걸어서 가고자 하여 그렇게 정하여 준 것이라

바울은 드로아에서 출발해서 앗소에서 배를 갈아타고 밀레도에서 에베소 장로들을 불러서 유언을 합니다. 그런데 드로아에서 앗소까지 가는데 누가와 디모데 같은 일행들은 배 타고 먼저 가서 앗소에서 나를 기다리라고 합니다. 바울 자신은 걸어가겠다고 합니다.

여러분, 바울이 스승인 데다가 인생 말년의 노년인데 젊은 동행들이 그 말을 바로 받아들였겠습니까? 얼마나 간곡히 바울 선생을 만류했겠습니까? 13절에서 "정하여 준 것"은 헬라어로 '디아탓소'(διατάσσω)입니다. 바울이 명령한 것입니다. 바울이 자기 일행에게 명령한 것은 이때밖에 없습니다.

고독 그리고 사생결단

여러분, 주석서를 보면 드로아에서 앗소까지의 거리가 책마다 다릅니다. 어떤 책은 30킬로미터, 어떤 책은 40킬로미터로 기록합니다. 30킬로미터와 40킬로미터는 10킬로미터밖에 차이가 안 나기 때문에 별 차이가 없는 것 같지만 2천 년 전에는 엄청난 차이입니다. 30킬로미터는 발걸음을 재촉하면 하루 만에 걸어갈 수 있는 거리입니다. 40킬로미터는 반드시 하룻밤을 노숙해야 됩니다. 바울이 드로아에서 앗소까지 하루 만에 걸어갔느냐, 길에서 하루 노숙하고 갔느냐는 중요한 문제입니다.

제가 2001년도에 드로아에서 앗소까지 자동차를 빌려서 타고 가보았습니다. 옛날 길로 가달라고 해서 거리를 측정했더니 65킬로미터가 나왔습니다. 65킬로미터는 바울이 정말 젊은이처럼 부지런히 빨리 걸었다면 하룻밤 자고 이틀 만에 도달하였을 거리이고, 만약 이틀 밤을 잤다면 사흘 만에 도착했을 거리입니다. 여러분, 왜 바울이 걸어갔겠습니까? 바울이 아덴에서 고린도로 갈 때 자기 동료들이 다 사정이 있어서 혼자 걸어갔던 때가 있습니다. 이때를 제외하면, 동료들이 있는데 혼자 걸어간 것은 다메섹 도상에서 주님의 부르심을 받은 이래 이때가 유일합니다. 왜 그랬겠습니까? 고독하게 하나님과 독대하기 위함이었습니다. 자기 동료들로부터도 자신을 격리시켜 하나님과만 대면하기를 원한 것입니다.

지금 성령님께서 예루살렘으로 나를 이끌어 가십니다. 예루살렘에 가면 환난과 결박이 기다린다고 성령님께서 각 성마다 말씀하십니다. 이게 도대체 무슨 뜻인지 하나님과 독대하기를 원했던 것입니다. 각 성을 거쳐올 때마다 성령께서 결박과 환난을 일러 주시는데 이것이 예루살렘에 가지 말라는 것인지, 그럼에도 예루살렘에 가라는 것인지 독대하고자 한 것입니다. 주님께서 다메섹 도상에서 일행 가운데 자신을 핀셋으로 집어내셨을 때 안일함을 누리라고 나를 구원하셨는지, 이 세상 모든 사람을 구원하는 당신의 도구로 구원하셨는지 독대하고자 한 것입니다.

'환난과 결박이 기다림에도 불구하고 나를 그곳으로 보내시는 것은 세상 사람들은 꺼려 하지만 나를 믿으시기 때문에 나를 선택하신 것 아닌가? 주님, 주님께서 십자가에 못 박히실 때 저도 주님과 함께 십자가에 못 박혔습니다. 이제 사는 것은 내가 아니고 내 안에 주님께서 사십니다. 내가 이 썩어 문드러질 육체 속에 사는 것은 나를 위해서가 아니라 나를 살리기 위해 자기 몸을 버리신 하나님의 아들을 믿는 믿음 안에서 사는 것입니다. 주님, 가겠습니다. 예루살렘에 가서 뼈가 으스러지는 한이 있어도 주님을 위해서 가겠습니다.'

바울은 이렇게 고독한 길을 걷다가 배가 고프면 배낭에서 마른 빵 하나 꺼내서 씹고, 밤이 되면 길바닥에 거적대기 깔고 누워서 하늘을 쳐다보고 잠을 청했습니다. 그 고독한 하나님 앞에서의 자기 격리, 하나님과의 독대를 통해서 마침내 사생결단을 내린 것입니다.

── 내가 달려갈 길과 주 예수께 받은 사명 곧 하나님의 은혜의 복음을 증언하는 일을 마치려 함에는 나의 생명조차 조금도 귀한 것으로 여기지 아니하노라

여러분, 바울이 이때 밀레도에서 에베소 장로들을 불러 놓고 감정이 고무되어서 한 번 이야기하고 끝난 것이 아닙니다. 이 밀레도에서 출발해서 여러 번 배를 갈아타고 바울이 두로에 도착을 했습니다. 21장 4절입니다.

── 제자들을 찾아 거기서 이레를 머물더니 그 제자들이 성령의 감동으로 바울더러 예루살렘에 들어가지 말라 하더라

두로에 가서 그곳에 있는 그리스도인들을 만났습니다. 그곳에 있는 그리스도인들도 바울이 예루살렘에 가면 환난을 겪고 결박당하고 투옥당할 것을 성령의 감동으로 알게 되었습니다. 그들이 바울을 만류했습니다. "예루살렘에 들어가지 말라." 명령형입니다. 권유형이 아니라 명령형입니다. "들어가지 말라" 다음

에 "하더라"라고 되어 있습니다. 이 동사는 헬라어 원문에 미완료형으로 기록되어 있습니다. 헬라어 미완료형은 반복을 의미합니다. 예루살렘에 들어가지 말라고 계속 바울의 옷자락을 붙잡고 만류한 것입니다. 바울은 들은 척도 하지 않았습니다.

아가보의 예언

다음으로 가이사랴에 갔습니다. 가이사랴에는 사도행전 6장에서 최초로 선출되었던 일곱 집사 가운데 한 명인 빌립 집사가 오래전부터 뿌리내리고 살고 있었습니다. 빌립 집사에게는 네 명의 딸들이 있었는데 그 딸들이 다 예언하는 은사를 갖고 있었습니다. 바울이 가이사랴에 갔을 때 그 빌립의 집에서 유숙했습니다. 바울이 유숙하고 있는데 아가보 선지자가 그 집에 왔습니다. 가이사랴에 들렀다가 그 집에서 유숙하게 된 것입니다. 아가보 선지자는 글라우디우스 황제 때에 대흉년이 일어날 것이라고 예언했었는데 그해에 정말 흉년이 나서 로마 제국이 큰 환난을 겪었습니다. 그러니까 속된 말로 아가보는 쪽집게 예언가였습니다. 빌립의 딸들도 예언을 하니까 아마 아가보와 평소에 교분이 있었던가 봅니다. 21장 10절에서 11절입니다.

──— 여러 날 머물러 있더니 아가보라 하는 한 선지자가 유대로부터 내려와 우리에게 와서 바울의 띠를 가져다가 자기 수족을 잡아매고 말하기를 성령이 말씀하시되 예루살렘에서 유대인들이 이같이 이 띠 임자를 결박하여 이방인의 손에 넘겨 주리라 하거늘

여기서 "우리"는 바울, 누가, 디모데를 다 포함합니다. 아가보가 바울을 보더니 바울의 몸을 묶는 띠를 가져오라는 것입니다. 그리고 그 띠를 가지고 자기 손을 묶었습니다. 그리고 그 집에 있는 사람들, 그러니까 빌립 집사, 딸들, 바울, 누가, 조그마한 교회에서 헌금을 한 대표들이 다 있는 곳에서 이 띠 임자가 예루살렘에 올라가면 결박당해서 이방인들, 로마 군인들에게 넘겨질 것이라고 예언을 했습니다.

아까 두로에서 제자들이 성령의 감동을 받아서 들어가지 말라고 할 때는 바울이 들은 척도 하지 않았고 그 집을 떠날 때 바울 일행이 아무 말도 하지 않았습니다. 21장 12절입니다.

──— 우리가 그 말을 듣고 그 곳 사람들과 더불어 바울에게 예루살렘으로 올라가지 말라 권하니

여기서 "우리"는 누가, 디모데, 작은 교회 대표들이고 "그곳 사람들"은 빌립 집사와 그 딸들입니다. 우리와 그곳 사람들이 모

두 바울에게 권합니다. 여기서 "권하니"도 미완료형입니다. 들어가지 말라고 계속 만류한 것입니다. 여러분, 누가는 드로아에서부터 바울과 함께하고 바울의 모든 것을 이해하는 사람입니다. 디모데도 마찬가지입니다. 그런데 천하의 쪽집게 예언가라는 아가보가 바울이 예루살렘에 가서 결박당한다고 하니까 이건 틀림없는 사실이라고 생각한 것입니다. 그러니까 하나님의 그림을 생각하지 않고 그들도 바울을 붙잡고 가지 말라고 한 것입니다. 13절입니다.

——— **바울이 대답하되 여러분이 어찌하여 울어 내 마음을 상하게 하느냐**

'쉰드립토'(συνθρύπτω), 즉 상하게 한다는 것은 '어찌 내 마음을 칼로 찢어지게 하느냐'는 뜻입니다. "누가야, 디모데야. 너희들도 그럴 수 있느냐? 너희들까지 어떻게 내 마음을 이렇게 갈갈이 찢어지게 하느냐. 나는 주 예수의 이름을 위하여 결박당할 뿐 아니라 예루살렘에서 죽을 것도 각오하였노라." 밀레도의 에베소 장로들 앞에서, 시간이 지나 두로의 제자들 앞에서, 그리고 또 며칠 지나 가이사랴의 빌립 집에서 바울의 사생결단의 선언은 전혀 변하지 않았습니다. 드로아에서 앗소까지 65킬로미터를 홀로 걸으며 고독하게 하나님과 독대한 결과, 바울은 거리낌

없이, 주저없이, 두려움 없이 사생결단의 삶으로 자신을 내던질 수 있었던 것입니다.

제가 드로아에서 앗소까지 거리를 측정하면서 아주 짧은 구간을 걸어 보았습니다. 성령님께서 예루살렘으로 가라고 하시는데, 결박과 환난이 기다린다고 계속 일깨워 주시는 상황에서 이것이 가라 하시는 것인지, 나를 만류하시는 것인지 해석하기 위해서였습니다. 바울이 홀로 고독하게 걸어갔던 그 길을 걸으면서 바울의 심정을 느끼는 것은 어려운 일이 아니었습니다. 그리고 그 길을 걷는데 주님의 모습이 겹쳐졌습니다. 고독하게 하나님과 독대하기 위해서 홀로 걷는 바울의 모습, 그것은 바울이 주님께 배운 모습입니다.

주님께서 잡히시기 전날 겟세마네 동산에 기도하러 가시지 않습니까? 제자들도 모두 따라갔습니다. 그런데 어느 지점에서 제자들을 두시고 베드로, 요한, 야고보만 데리고 조금 더 멀리 가셨습니다. 그리고 예수님께서 처음으로 자기의 슬픔을 나타내 보여 주셨습니다. 심히 슬퍼하고 탄식하시면서 너희들도 여기서 기도하라고 하셨습니다.

예수님께서는 십자가 죽음이라는 절체절명의 순간에 제자들을 데리고 겟세마네 동산에 가셨습니다. 그곳에서 나를 위해서 기도해 달라며 통성기도 하지 않으셨습니다. 그들을 다 놓아 두고 베드로, 요한, 야고보가 있는 그곳에서 돌을 던져서 닿을 만한 곳에 가서 고독하게 하나님과 독대했습니다. "할 수만 있으면 이 잔이 내게서 지나가게 해주십시오. 그러나 내 원대로 말고 아버지의 원대로 하십시오." 이것은 기도의 핵심이었지만 기도의 모든 내용은 아닙니다. 주님께서는 하나님과 고독하게 독대하시면서 이 십자가의 잔을 피하고 싶은 것이 내 바람이요, 하나님의 뜻은 내가 십자가의 잔을 마시는 것임을 확인하신 것입니다.

땀에 피가 배어 흐를 정도로 고독하게 기도하시고 제자들에게 와보시니 제자들이 다 곯아떨어져 있습니다. 그런데 주님께서 이렇게 말씀하십니다. "애들아, 이제 가자. 때가 왔다." 하나님 앞에서 독대하는 자발적인 격리를 통해서 십자가에 못 박히시는 사생결단이 이루어진 것입니다. 여기에서 우리는 중요한 사실을 깨닫습니다. 바울의 삶 자체가 하나님께서 보증하시는 이력서라고 했습니다. 그리고 바울의 삶의 이력서가 곧 유언이었습니다. 바울의 유언은 이럴 때는 이렇게 해라, 저럴 때는 저렇게 해라가 아니라 자기가 살아온 삶을 보여 주는 것이었고 삶의 이력서를 보여 주는 것이었습니다. 바울이 그와 같은 사생결단의 이력서를 꾸려 갈 수 있었던 동력은 하나님과 독대하는 자발적인 자기 격리, 고독에 있었습니다. 고독하지 않고는 자기 실체를 깨달을 수 없습니다.

외로움인가 고독인가

디모데전서 1장 15절입니다.

―― 미쁘다 모든 사람이 받을 만한 이 말이여 그리스도 예수께서 죄인을 구원하시려고 세상에 임하셨다 하였도다 죄인 중에 내가 괴수니라

바울은 가는 곳마다 사도, 선생, 의인으로 추앙받습니다. 그러나 바울은 고독하게 하나님 앞에서 독대함으로써 자기가 의인이 아니라 죄인이라는 것을 잊지 않았습니다. 하나님 앞에서 고독하게 독대하는 사람만이 자기 부인의 삶이 가능합니다. 바울이 고린도전서 9장 27절을 통해서 말합니다.

―― 내가 내 몸을 쳐 복종하게 함은 내가 남에게 전파한 후에 자신이 도리어 버림을 당할까 두려워함이로다

바울은 날마다 자기를 부인했습니다. 왜입니까? 나를 부인하지 않으면 죄성을 가진 인간은 조그마한 것을 풀무질로 부풀리기 때문입니다. 그것은 하나님 앞에서 패망하는 지름길입니다. 바울은 매일 하나님과 독대하는 자발적인 자기 격리를 했습니다. 어떤 일을 하든 자기를 쳐서 자기를 부인했습니다. 왜입니

까? 다른 사람은 구해 놓고 자신을 풀무질해서 스스로 패망하는 어리석음을 범하지 않기 위해서입니다. 자발적으로 하나님과 독대하기 위해 고독하게 하나님 앞에 서는 사람만이 결과적으로 사생결단의 삶을 살 수 있습니다. 고린도전서 15장 31절입니다.

—— **형제들아 내가 그리스도 예수 우리 주 안에서 가진 바 너희에 대한 나의 자랑을 두고 단언하노니 나는 날마다 죽노라**

여러분, 바울이 하나님과 독대하는 자발적인 자기 격리 없이 그저 사람 만나는 게 좋고, 좋은 게 좋다는 식으로 살았다면 자기 실체를 평생 잊지 않을 수 있었겠습니까? 평생 자기 부인의 삶을 살 수 있었겠습니까? 사생결단의 삶을 살 수 있었겠습니까? 바울은 평소에 하나님 앞에 고독하게 서는 사람이었기 때문에 드로아에서 앗소까지 죽음의 환난이 기다리고 있는 줄 알면서도 예루살렘으로 걸어 들어가는 것입니다.

여러분, 고독과 외로움은 같은 말이 아닙니다. 외로움은 다른 사람들과 어울리기를 소망하는데 그 사람들이 나를 끼어 주지 않을 때 느끼는 소외감입니다. 고독이라고 하는 것은 내가 얼마든지 어울릴 수 있는 능력과 자질을 갖고 있음에도 주님 앞에서 구별된 삶을 살기 위해서 스스로 나를 격리시키는 것입니다.

여러분은 어떻습니까? 사람하고 어울리기 좋아서, 사람 속에 있는 것이 좋아서, 사람들과 더불어 살아가다가 의미 없이 죽기 위해 매일매일 열심으로 살고 있지 않습니까? 그래서 열심으로 사는 것처럼 보이지만 실은 매 순간 공동묘지를 향해서 달려가고 있는 것 아닙니까? 여러분, 고독하기를 두려워하지 마십시다. 오히려 고독하기를 즐겨 하십시다. 그리스도인에게 하나님과 독대하는 자기 격리는 삶의 일부여야 합니다.

우리가 성도의 교제를 나누고 친구들과 만나는 바탕은 하나님과 독대하기 위한 자기 격리여야 합니다. 그 고독의 바탕 위에서만 모든 사람과의 관계가 바르게 설정됩니다. 하나님과 독대하는 자발적인 고독의 시간이 쌓여 갈수록 우리는 사생결단의 삶을 살아갈 수 있고, 그 사생결단의 삶이 곧 생명의 유언이 되는 것입니다. 그때에 우리의 고독은 참된 삶의 유언을 이 땅에 남기는 원동력이 되는 것입니다. 기도하십시다.

주님, 나는 그동안 사람들 가운데 있기를 원했습니다. 사람들에게 소외당하는 것을 두려워했습니다. 입으로는 주님을 믿는다면서도 내 삶의 방향은 언제나 주님이 아니라 사람이었습니다. 그래서 내 삶은 항상 혼돈과 미몽 속에서 허우적거렸지만, 어리석게도 인생은 본래 그렇다고 착각해 왔습니다. 나의 이 무지를 회개하오니 주님의 자비하심으로 용서해 주시기를 간구합니다. 주님, 세상에서 나를 구별짓는 고독을 두려워하지 않게 해주십시오. 하나님과 독대하기 위한 자발적인 자기 격리가 영적 즐거움이 되게 해주십시오. 좌우에 날선 어떤 검보다도 예리하며 혼과 영과 및 관절과 골수를 찔러 쪼개기까지 하며, 마음의 생각과 뜻을 판단하는 주님의 말씀과 고독하게 씨름하게 해주십시오. 그리하여 우리의 고독이 살기 위해 죽는 사생결단의 삶의 토대가 되게 해주시고, 우리의 삶이 생명의 유언으로 승화되는 원동력이 되게 해주십시오. 예수님의 이름으로 기도드립니다. 아멘.

보라 내가 여러분 중에 왕래하며 하나님의 나라를 전파하였으나 이제는 여러분이 다 내 얼굴을 다시 보지 못할 줄 아노라 그러므로 오늘 여러분에게 증언하거니와 모든 사람의 피에 대하여 내가 깨끗하니 이는 내가 꺼리지 않고 하나님의 뜻을 다 여러분에게 전하였음이라 여러분은 자기를 위하여 또는 온 양 떼를 위하여 삼가라 성령이 그들 가운데 여러분을 감독자로 삼고 하나님이 자기 피로 사신 교회를 보살피게 하셨느니라 내가 떠난 후에 사나운 이리가 여러분에게 들어와서 그 양 떼를 아끼지 아니하며 또한 여러분 중에서도 제자들을 끌어 자기를 따르게 하려고 어그러진 말을 하는 사람들이 일어날 줄을 내가 아노라 그러므로 여러분이 일깨어

내가 삼 년이나 밤낮 쉬지 않고 눈물로 각 사람을 훈계하던 것을 기억하라 지금 내가 여러분을 주와 및 그 은혜의 말씀에 부탁하노니 그 말씀이 여러분을 능히 든든히 세우사 거룩하게 하심을 입은 모든 자 가운데 기업이 있게 하시리라 내가 아무의 은이나 금이나 의복을 탐하지 아니하였고 여러분이 아는 바와 같이 이 손으로 나와 내 동행들이 쓰는 것을 충당하여 범사에 여러분에게 모본을 보여준 바와 같이 수고하여 약한 사람들을 돕고 또 주 예수께서 친히 말씀하신 바 주는 것이 받는 것보다 복이 있다 하심을 기억하여야 할지니라 이 말을 한 후 무릎을 꿇고 그 모든 사람들과 함께 기도하니 다 크게 울며 바울의 목을 안고 입을 맞추고 다시 그 얼굴을 보지 못하리라 한 말로 말미암아 더욱 근심하고 배에까지 그를 전송하니라(행 20:25-38).

3

얼굴, 유언의 완성

바울은 단지 죽기 위해 살아가는 의미 없는 생사의 사람이 아니었습니다. 바울은 참되게 살아가기 위해 날마다 죽는 사생의 사람이었습니다. 그리고 그와 같은 바울의 사생결단의 삶 자체가 세상에 남기는 그의 유언이었습니다. 바울의 삶 자체가 유언이 되는 그 동력은 바로 고독이었습니다. 하나님과 독대하기 위해서 자발적으로 세상으로부터, 사람으로부터 자기를 격리하는 그 고독이 사생결단의 삶을 살게 하는 원동력이었던 것입니다. 예수님도 새벽에 한적한 곳에서 고독하게 하나님과 독대하셨습니다. 하나님과 독대하는 종적인 고독 없이 횡적으로 사람과의 바른 관계가 맺어질 수 없습니다. 하나님 앞에서 스스로 격리하는 고독이 있을 때에만 자기의 실체를 망각하지 않고 그 고독 속에서 자기 부인이 가능합니다. 그리고 그 고독 속에서 사생결단의 삶이 지속될 수 있다고 했습니다. 오늘은 바울의 유언의 결론입니다. 25절입니다.

—— **보라 내가 여러분 중에 왕래하며 하나님의 나라를 전파하였으나 이제는 여러분이 다 내 얼굴을 다시 보지 못할 줄 아노라**

바울은 지금 에베소 장로들과 영원히 작별하기 때문에 마지막 유언을 남기고 있습니다. 바울은 그 마지막 작별을 다시는 얼굴을 보지 못하는 것으로 표현했습니다. 우리말은 어순상 바울이 헬라어로 말했던 그 뉘앙스를 정확하게 전해 주지 못합니다. 헬라어 원문은 '내가 안다, 보라, 내가 알고 있다'로 시작합니다. 말씀드렸지만 헬라어 동사는 어미에 주어, 인칭, 성, 단수, 복수가 나타나기 때문에 별도로 주어를 쓰지 않는다고 했습니다. 주어를 사용할 때에는 그 주어를 강조할 때입니다. 그런데 바울은 처음부터 '보라, 내가 안다'라고 합니다. 다른 누구가 아니라 내가 알고 있다고 강조하면서 말을 시작했습니다. 이 25절 원문을 쉽게 번역하면 이런 말입니다. "보십시오. 나는 알고 있습니다. 여러분이 내 얼굴을 다시는 보지 못할 것을 나는 알고 있습니다. 여러분을 위해 사생결단의 삶을 살던 내 얼굴, 이 얼굴을 여러분이 다시 보지 못할 것을 내가 알고 있다는 말입니다."

바울이 지금 유언을 하면서 '나'라는 1인칭 주어를 강조한 이유가 무엇이겠습니까? 여러분이 아직 모르고 있다는 것입니다. 아직도 천년만년 내 얼굴을 볼 수 있으리라 지금 착각하고 있다는 것입니다. 유언을 들으면서도 또다시 내 얼굴을 볼 수 있을 것이라고 지금 생각하고 있는데 다시는 내 얼굴을 보지 못한다는 말입니다. 여러분은 죽음을 무엇이라고 생각합니까? 다시는 얼굴을 보지 못하는 것입니다. 만지고 싶고, 부비고 싶고, 마주 보고 싶은 그 얼굴을 다시는 보지 못하는 것이 죽음입니다.

손흥민 선수가 영국 프리미어 리그에서 아시아 선수로서는 처음으로 득점왕이 되었습니다. 축구 선수로 대단한 족적을 남겼다고 해서 신문 기사에 손흥민 선수의 발이 사진으로 나오지는 않습니다. 손흥민 선수의 발을 확대하여 찍어서 대서특필을 해도 누구 발인지 모릅니다. 우리가 지나가다가 손흥민 선수를 보고 알아볼 수 있는 것은 얼굴을 볼 수 있기 때문입니다. 여러분, 죽으면 우리 얼굴은 화장이 되어서 재가 되거나 매장되어서 썩어 문드러집니다. 그것이 죽음입니다.

바울은 다시는 내 얼굴을 여러분이 보지 못할 것을 나는 알고 있다고 합니다. 바꾸어 말하면 그러므로 지금 여러분 앞에 서 있을 때 내 얼굴을 똑바로 보라는 것입니다. 나도 여러분이 이 세상을 다 산 뒤에 나와 같은 얼굴을 가지는 사람들이 되기를 원한다는 것입니다. 그 염원으로 이 유언을 남기는 것입니다. 바울은 대체 어떤 얼굴을 지니고 있었습니까?

파수꾼의 얼굴

26절입니다.

── 그러므로 오늘 여러분에게 증언하거니와

우리는 '오늘'이라는 말을 참 쉽게 합니다. 100년, 200년 계속 오늘을 맞이할 수 있을 것처럼 말합니다. 그렇지 않습니다. 우리가 매일매일 맞는 오늘은 평생에 한 번밖에 없는 오늘입니다. 그런데 바울이 지금 에베소 장로들에게 유언을 남기는 오늘은 에베소 장로들과 바울 사이에 놓인 마지막 오늘입니다. 그래서 바울은 헬라말로 이렇게 말했습니다. '엔 테 세메론 헤메라'(ἐν τῇ σήμερον ἡμέρᾳ), 정관사를 붙여서 '그 오늘'이라는 뜻입니다. 오늘은 그냥 오늘이 아닙니다. 한 번밖에 없는 그 오늘입니다. 26절에서 27절입니다.

―― 오늘 여러분에게 증언하거니와 모든 사람의 피에 대하여 내가 깨끗하니 이는 내가 꺼리지 않고 하나님의 뜻을 다 여러분에게 전하였음이라

모든 사람의 피에 대해서 내가 깨끗하다고 말합니다. 꺼리지 않는다는 것은 불이익을 감수한다는 말입니다. 불이익을 감수하면서도 여러분에게 전하여야 할 하나님의 말씀을 다 전했기 때문에 나는 모든 사람의 피에 대해서 깨끗하다는 것입니다. 바울의 이 말은 에스겔서를 자신에게 적용시킨 말입니다. 에스겔서 33장 2절에서 6절 말씀을 제가 새번역으로 읽어 보겠습니다.

──— 사람아 너는 네 민족의 자손 모두에게 전하여라.

"모두에게"는 어느 특정인이 아닙니다. 그 모두에는 우리도 포함됩니다.

──— 너는 그들에게 말하여라. 만일 내가 어떤 나라에 전쟁이 이르게 할 때에, 그 나라 백성이 자기들 가운데서 한 사람을 뽑아서, 파수꾼으로 세웠다고 하자. 이 파수꾼은 자기 나라로 적군이 접근하여 오는 것을 보고 나팔을 불어, 자기 백성에게 경고를 하였는데도 어떤 사람이 그 나팔 소리를 분명히 듣고서도 경고를 무시해서, 적군이 이르러 그를 덮치면, 그가 죽은 것은 자기 탓이다. 그는 나팔 소리를 듣고서도 그 경고를 무시하였으니, 죽어도 자기 탓인 것이다.

파수꾼은 항상 파수탑 위에 있습니다. 거기에 있어야 멀리 볼 수 있습니다. 먼 데서 보니까 적군이 달려오고 있습니다. 그래서 나팔을 불었습니다. 그런데 그 나팔 소리를 듣고서도 경계하지 않다가 어떤 사람이 적군의 손에 죽임을 당했습니다. 그러면 파수꾼은 그 사람이 죽은 피에 대해서 깨끗하다는 것입니다. 자기 책임을 다했기 때문입니다. 그리고 파수꾼의 나팔 소리를 듣고서 경고를 받아들인 사람은 자기의 목숨을 건진 것입니다.

파수꾼의 나팔 소리를 듣고 사람들이 전부 다 경계하고 전쟁에 대비했다면 모두에게 유익합니다. 파수꾼도 유익하고, 파수꾼의 나팔 소리를 듣고 경계에 들어간 사람들도 다 유익합니다. 그러나 그 파수꾼이 적군이 가까이 오는 것을 보고서도 나팔을 불지 않아서 백성이 경고를 받지 못하고 적군이 이르러 그들 가운데 어떤 사람을 덮쳤다면, 죽은 사람은 자신의 죄 때문에 죽은 것이지만 그 사람이 죽은 책임은 파수꾼에게 묻겠다는 것입니다.

지평선에서 군대가 달려오는 것을 보고서도 파수꾼이 생각하기를 '저건 적군이 아닐 거야. 우군일 거야'라고 잘못 판단하고 비상나팔을 불지 않았습니다. 그래서 적군이 성을 함락시켜서 많은 사람들이 적군의 칼날에 죽임을 당했다면, 그 죽은 사람의 피에 대한 책임은 파수꾼에게 묻겠다는 것입니다. 왜입니까? 파수꾼이 자기 책임을 다하지 않았기 때문입니다. 에스겔서 33장 7절에서 9절을 새번역으로 읽겠습니다.

──── 너 사람아, 내가 너를 이스라엘 족속의 파수꾼으로 세웠다.

이것은 우리 모두에게 말씀하는 것입니다. 우리 모두는 이 세상 사람들을 위한 파수꾼으로 세움받은 사람들입니다. 그래서 주님께서 우리 같은 죄인을 구원하셨습니다.

──── 그러므로 너는 내가 하는 말을 듣고, 나를 대신하여 그들에게 경

고하여라.

그러므로 너희들은 복음의 파수꾼 역할에 충실하라는 뜻입니다.

—— 내가 악인에게 말하기를 '너는 반드시 죽을 것이다' 하였는데도, 네가 그 악인에게 말하여 그가 악한 길을 버리고 떠나도록 경고하지 않으면, 그 악인은 자신의 죄가 있어서 죽을 것이지만, 그 사람이 죽은 책임은 내가 너에게 묻겠다.

불의한 사람들을 보고 그 불의한 길에서 떠나라고 복음의 파수꾼으로서 경고의 나팔을 불지 않았고, 그래서 그 사람들이 죄 가운데 죽었다면 하나님께서 그들의 피를 너에게서 찾겠다는 뜻입니다.

—— 네가 악인에게, 그의 길에서 떠나서 거기에서 돌이키도록 경고하였는데도, 그가 자신의 길에서 돌이키지 않으면, 그는 자신의 죄 때문에 죽지만, 너는 목숨을 보존할 것이다.

우리가 복음의 파수꾼 역할을 충실히 했는데도 그 복음의 경고를 듣고서 비웃고, 귀를 막은 채 자기 마음대로 살다가 죽은 사람이 있다면 우리는 그 사람의 피에 대해서 깨끗합니다. 왜 그렇습니까? 복음의 파수꾼 사명에 충실한 종이었기 때문입니다. 지금 바울은 에스겔서 말씀을 자신에게 적용시켰습니다. 바울은 어떤 불이익을 당해도 전해야 할 하나님의 말씀을 다 전했습니다. 그 말씀 가운데에는 듣기 싫은 말씀도 있었습니다. 거북한 말씀도 있었습니다. 양심에 찔리는 말씀도 있었습니다. 그러나 바울은 그들을 사랑해서 그 말씀을 다 전했습니다. 그러므로 이제 모든 사람들의 피에 대해서 바울은 깨끗하다고 합니다. 복음의 파수꾼으로서 사명을 다했기 때문입니다.

바울은 어떤 얼굴을 지니고 있었습니까? 복음의 파수꾼의 얼굴이었습니다. 일평생 복음의 파수꾼으로 살아온 얼굴, 이 얼굴을 그들은 다시 보지 못합니다.

보호자의 얼굴

본문 28절입니다.

―― **여러분은 자기를 위하여 또는 온 양 떼를 위하여 삼가라**

자기 자신을 위해서 그리고 함께 신앙생활하는 사람들을 위해서 삼가라는 것입니다. 왜입니까?

—— **성령이 그들 가운데 여러분을 감독자로 삼고 하나님이 자기 피로 사신 교회를 보살피게 하셨느니라**

우리 한 사람, 한 사람을 하나님께서 감독자로 삼으셨다는 것입니다. "감독자"로 번역된 헬라어 단어가 '에피스코포스'(ἐπίσκοπος)입니다. 감독은 우월한 사람을 나타내기 때문에 가톨릭 교회에서는 오직 사제만 감독이라고 부릅니다. 감리교에서도 이 단어를 사용합니다. 감리교는 감독제입니다. 감독의 모든 지휘를 받는 교회입니다. 그런데 이 '에피스코포스'는 감독이라는 뜻도 있지만 더 큰 뜻이 있습니다. '보호자'라는 뜻입니다.

우리는 자신을 위해서 혹은 함께 신앙생활하는 사람을 위해서 삼갈 것을 반드시 삼가야 합니다. 주위에 있는 교인들을 지키는 보호자로 주님께서 세웠기 때문입니다. 여러분, 여러분은 서로가 서로에게 보호자입니다. 장로님을 보고 실족하거나 권사님, 집사님을 보고 저렇게 막 살아도 되는구나 실족하면 안 된다는 것입니다.

저는 3년 동안 제네바한인교회를 섬겼습니다. 잘 아시다시피 유럽은 중동처럼 물이 석회수여서 수돗물을 그냥 마실 수가 없습니다. 다 정수해서 마셔야 합니다. 그러니까 스위스도 중동처럼 포도주가 보편화되어 있습니다. 밥 먹을 때 포도주를 마시는 것은 술이 아니라 음료로 마시는 것입니다. 저는 3년 동안 있으면서 포도주를 입에 대어 본 적이 없습니다. 권하는 사람이 왜 없었겠습니까? 교인들도 식사 때 포도주를 마십니다. 그때마다 제게 권하지 않았겠습니까? 그럼에도 제가 포도주를 입에 대지 않은 이유가 있습니다. 제가 과거에 술독에 빠져 있을 때 늘 양심에 갈등이 있었습니다. 저희 아버지는 술 마시는 생활을 어느 날 칼로 무 자르듯 잘라내고 그리스도인이 되셨습니다. 그런데 나는 명색이 그리스도인이라고 하면서도 왜 술독에 빠져 사는가, 여기서 벗어나야 한다는 갈등이 있었습니다.

1984년 8월 2일 새벽 2시에 주님께서 저를 사로잡아 주셔서 술을 끊기 전까지 제가 양심의 가책을 받지 않고 술독에 빠져 산 계기가 있습니다. 어느 날 사업 파트너와 만나서 술을 마시는데 그 파트너와 함께 두 사람이 왔습니다. 같이 술을 마셨습니다. 술을 마시면서 거룩한 이야기를 나누지는 않습니다. 온갖 세속적인 이야기를 그 두 분이 다 했습니다. 정신을 놓을 정도로 술을 마시고 나서 제가 교회 다니는 집사라는 것을 아신 두 분이 "나는 장로야", "나는 목사야"라고 했습니다. 그날부터 저는 술 마시는 데 면죄부를 얻었습니다. 장로님도 저렇게 마시는데, 목사님도 저렇게 마시는데 내 양심에 거리낄 것이 없었습니다. 알코올에서 벗어나서 살아야지 갈등하던 사람이 행여 포도주를 마시는 제 모습을 보고 저 목사도 포도주 마신다며 술 마시는 삶에 면죄부를 얻을까 봐 저는 포도주를 입에 대지 않았습니다. 바울은 주님께서 자기에게 맡겨 주신 사람들 한 사람, 한 사람을 지키고, 보호하고, 그들이 실족하지 않도록 삼갈 것을 삼가는 보호자의 얼굴이었습니다.

전사와 기도자의 얼굴

29절입니다.

—— 내가 떠난 후에 사나운 이리가 여러분에게 들어와서 그 양 떼를 아끼지 아니하며

지금 바울은 에베소 장로들에게 이야기하는 것입니다. 내가 이제 떠나가면 사나운 이리들이 와서 교인들을 덮친다고 합니다. 교인들을 위해서 자기 생을 헌신하는 사람이 아니라 말씀을 팔아서 자기 배를 불리는 거짓 교사들이 와서 교인들을 괴롭힙니다. 그 외에 여러 가지 외적인 도전들이 교인들을 괴롭힙니다. 30절입니다.

―― 또한 여러분 중에서도 제자들을 끌어 자기를 따르게 하려고 어그러진 말을 하는 사람들이 일어날 줄을 내가 아노라

여기에서도 1인칭 주어를 썼습니다. 여러분, 지금 바울 앞에 있는 에베소 장로들은 3년 전에 바울이 복음을 전하고 세례를 베푼 뒤 장로로 세운 사람들입니다. 이제 그들과 영원한 작별을 고하는 순간입니다. 그러면 그들에게 덕담을 해주어야 되지 않겠습니까? 내가 떠난 뒤에도 잘할 줄 믿는다고 해야 되지 않겠습니까? 아니었습니다. 3년 동안 함께 살면서 주님을 잘 믿는 것처럼 보이지만, 여러분 중에서도 주님이 아니라 자기를 따르게 하고 자기 배를 불리기 위해서 어그러진 말을 하는, '디아스트렙호'(διαστρέφω), 즉 하나님의 말씀을 왜곡하는 자가 일어날 줄 알고 있다는 것입니다. 바울은 듣기 좋은 소리를 하지 않았습니다. 내가 떠나가면 안팎으로 많은 도전이 있을 텐데 그때 모든 도전에 맞서는 전사가 되어야 한다고 지금 강조하는 것입니다. 바울은 모든 유혹과 도전에 맞서는 전사의 얼굴을 지닌 사람이었습니다. 31절입니다.

―― 그러므로 여러분이 일깨어 내가 삼 년이나 밤낮 쉬지 않고 눈물로 각 사람을 훈계하던 것을 기억하라

여러분, 훈계만 하는 사람은 우월해집니다. 자기는 항상 잘하는 사람입니다. 사람들이 항상 결함이 있어서 자기에게 상담하러 옵니다. 그래서 훈계합니다. 요즘 상담학이 유행하지 않습니까? 상담하시는 분들은 굉장히 조심해야 됩니다. 교만에 빠지기가 참 쉽습니다. 바울은 단순히 훈계하지 않았습니다. 눈물로 훈계했습니다. 무슨 말이겠습니까? 한 사람, 한 사람의 사정을 알고 하나님께 눈물로 기도했습니다. 저 사람을 바로 세워 달라고, 저 사람에게 맞는 말을 제 입에 넣어 달라고 눈물로 기도하면서 훈계하는 사람이었습니다. 바울은 자기에게 맡겨진 사람들을 위해 눈물로 기도하는 기도자의 얼굴을 지닌 사람이었습니다.

말씀에 의탁한 얼굴

32절입니다.

—— 지금 내가 여러분을 주와 및 그 은혜의 말씀에 부탁하노니 그 말씀이 여러분을 능히 든든히 세우사 거룩하게 하심을 입은 모든 자 가운데 기업이 있게 하시리라

지금 바울은 에베소 장로들을 남겨 두고 떠나갑니다. 영원한

작별입니다. 다시는 보지 못합니다. 그런데 바울은 에베소의 권력자를 찾아가서 이 사람들 잘 부탁한다고 하지 않았습니다. 에베소의 재벌을 찾아가서 이 사람들 경제적으로 지켜 달라고 하지 않았습니다. 바울은 떠나가면서 그들을 하나님의 말씀에 맡겼습니다. 하나님의 말씀만이 그들을 능히 세우고 약속의 유업을 받게 해주시리라 믿었던 것입니다. 그래서 그들을 말씀에 맡기고 떠나갑니다. 바울은 자신을 하나님의 말씀에 온전히 의탁하고 산 사람이었기 때문입니다. 바울의 얼굴은 말씀에 의탁한 사람의 얼굴이었습니다. 에베소 장로들이 바울의 얼굴을 보면 말씀이 먼저 생각났을 것입니다.

낭비자의 얼굴

33절에서 35절입니다.

── 내가 아무의 은이나 금이나 의복을 탐하지 아니하였고 여러분이 아는 바와 같이 이 손으로 나와 내 동행들이 쓰는 것을 충당하여 범사에 여러분에게 모본을 보여준 바와 같이 수고하여 약한 사람들을 돕고 또 주 예수께서 친히 말씀하신 바 주는 것이 받는 것보다 복이 있다 하심을 기억하여야 할지니라

말씀의 증인들은 가는 곳마다 말씀을 전하고, 복음을 받아들인 자들의 헌금을 받아서 생활할 수 있었습니다. 그것이 그들의 권리였습니다. 그런데 바울은 특별한 경우를 제외하고는 복음을 전한 사람들로부터 헌금을 받아서 생활하지 않았습니다. 자기가 먹고살려고 복음을 전했다는 걸림돌을 만들까 싶어 자기 손으로 텐트를 만들어서 자비량으로 전도했습니다.

말씀드린 것처럼 바울은 자신의 경제적 필요만이 아니라 함께 전도 여행에 나선 일행들의 경제적 필요까지 장막을 만들어서 채웠습니다. 나는 자비량으로 전도할 테니 당신들은 교인들 헌금을 받아서 쓰라고 하지 않았습니다. 그래서 이렇게 모본을 보여 준 것처럼 여러분들도 수고하고 약한 사람을 도우라는 것입니다.

우리말 번역은 강조하고 있지 않지만 원문에는 조동사 '데이'(δεῖ)가 기록돼 있다고 했습니다. '반드시'입니다. 내가 모범을 보여 준 것처럼 여러분도 가난한 자를 위해서 수고하고, 약한 자를 위해서 '반드시' 여러분의 것으로 도우라는 것입니다. 그리고 받는 자보다 주는 자가 더 복이 있다는 주님의 말씀을 기억하라는 것입니다.

여러분, 바울이 교인들의 헌금으로 전도를 다닐 수 있음에도 전도하고, 성경 가르치고, 병자들 고치는 틈틈이 텐트를 만들어 판다면 얼마나 고된 일입니까? 왜 그랬겠습니까? 사랑은 거룩한 낭비이기 때문입니다. 여러분은 자녀를 어떻게 키우셨습니까? 여러분의 낭비로 키웠습니다. 여러분의 물질을 낭비하고, 시간을 낭비하고, 아이가 커서 혼자 걸을 때까지 여러분의 모든 가능성을 아이를 위해서 낭비했습니다. 여러분도 부모의 낭비 속에서 자라났습니다. 사랑은 낭비입니다. 부부가 아이를 낳고 나서 기저귀 갈 때마다 몇 월, 며칠, 몇 시에 얼마 썼다고 적고 나중에 아이가 크면 다 받아내겠다고 한다면 부모가 아닙니다. 부모는 낭비하게 되어 있습니다. 왜입니까? 사랑은 낭비이기 때문입니다.

그런데 부모 자식 간에 언제부터 문제가 생깁니까? 어느 날 부모가 '내가 너를 어떻게 키웠는데'라며 계산이 들어가기 시작하면 부모 자식 관계는 뒤틀립니다. 부모는 죽을 때까지 낭비하는 사람입니다. 이웃을 사랑하는 것은 내 삶은 조금도 건드리지 않고, 여윳돈 얼마를 나누어 주는 것이 절대 아닙니다. 사랑은 사랑해야 할 대상을 위해서 내 것을 낭비하는 것입니다. 마치 예수 그리스도께서 죽을 수밖에 없는 죄인인 우리를 살리시기 위해 당신의 생명 자체를 십자가 위에서 송두리째 낭비하시듯이 말입니다. 바울은 어떤 얼굴의 소유자였습니까? 사랑할 자를 사랑하는 거룩한 낭비자의 얼굴이었습니다.

우리가 남기는 얼굴은

36절에서 38절입니다.

──── 이 말을 한 후 무릎을 꿇고 그 모든 사람들과 함께 기도하니 다 크게 울며 바울의 목을 안고 입을 맞추고

이제 바울의 고별 설교 유언이 끝났습니다. 누가 제일 먼저 무릎을 꿇었습니까? 바울이 먼저 무릎을 꿇었습니다. 장로들도 다 무릎을 꿇었습니다. 기도가 끝나자 장로들이 한 사람, 한 사람씩 나와서 바울의 목을 끌어안고 엉엉 울었습니다. 그제야 바울과 영원히 작별한다는 것을 실감한 것입니다. 38절입니다.

──── 다시 그 얼굴을 보지 못하리라 한 말로 말미암아 더욱 근심하고 배에까지 그를 전송하니라

새번역이 38절을 더 실감나게 번역했습니다.

──── 그들을 가장 마음 아프게 한 것은, 다시는 자기의 얼굴을 볼 수 없으리라고 한 바울의 말이었다.

장로들은 그 순간에야 천년만년 바울의 얼굴을 볼 수 있는 것이 아님을 알았습니다. 오늘 이 순간이 바울의 얼굴을 보는 마지막 순간임을 알았습니다. 그 사실을 아는 것이 그들의 마음을 가장 아프게 했습니다.

── **그들은 배 타는 곳까지 바울을 배웅하였다.**

그들은 밀레도 항구까지 바울을 따라갔습니다. 항구까지 따라가서 바울이 배에 오르는 모습을 보고 바로 인사하고 돌아갔겠습니까? 아닙니다. 왜 이런 구절이 있겠습니까? 바울이 배에 타고, 그들은 항구에서 배를 쳐다봅니다. 그 배가 수평선을 넘어 바울의 얼굴이 보이지 않을 때까지 그들이 손을 흔들지 않았겠습니까? 이제 배가 보이지 않습니다. 바울의 얼굴이 시야에서 사라졌습니다. 다시는 볼 수 없습니다. 그 순간부터 그들의 마음속에 바울의 얼굴이 되살아났을 것입니다. 복음의 파수꾼의 얼굴, 삼갈 것을 단호하게 삼가며 교인들을 지키는 보호자의 얼굴, 안팎의 유혹에 단호하게 맞서는 전사의 얼굴, 교인들을 위해 눈물로 기도하는 기도자의 얼굴, 말씀에 자신의 삶을 온전히 의탁한 얼굴, 자신들을 사랑하기 위한 거룩한 낭비자의 얼굴, 그 바울의 얼굴이 그들의 마음속에 새록새록 되살아났을 것입니다.

여러분, 바울의 초상화라고 알려진 그림들을 보면 잘생긴 얼굴이 아닙니다. 사람들이 예수님의 얼굴을 본 적이 없는데도 세상의 어떤 미남 배우보다 더 잘난 얼굴로 예수님을 그립니다. 그런데 바울의 초상화들을 보면 미남이 아닙니다. 바울의 얼굴은 미남과는 거리가 먼, 추남에 가까운 얼굴이라고 알려져 있기 때문입니다.

얼굴만 못난 것이 아닙니다. 키가 작았고 다리도 안짱다리였다고 알려져 있습니다. 외모로 보면 추한 사람입니다. 그러나 바울이 세상적인 관점에서 미남이냐 추남이냐는 에베소 장로들에게 전혀 상관이 없었습니다. 그들은 세상의 미추 관점과 다른 차원에서 닮고 싶은 얼굴로 바울의 얼굴을 마음에 새겼을 것입니다. 그 바울의 얼굴이야말로 바울의 유언을 완성시켜 주는 완성판이었기 때문입니다. 그들의 마음에 바울의 얼굴이 되새겨질 때마다 바울이 살았던 이력이 눈앞에 펼쳐졌을 것이고, 그들 역시 바울처럼 살기 위해 사생결단을 했을 것입니다.

여러분, 지금까지 살아오시면서 어떤 얼굴을 남기고 있습니까? 어느 날 불현듯 죽음이 여러분을 덮칠 때 어떤 얼굴을 이 땅에 남기고 가시겠습니까? 사람들은 여러분의 얼굴을 기억할 것입니다. 지금 자신의 얼굴을 아름답고 세련되게 가꾼다고 해도 다 썩어 문드러집니다. 그런 얼굴은 살아 있는 사람들의 마음속에 생명의 유언으로 절대 승화되지 않습니다. 생명의 유언으로 승화되는 얼굴은 아름답고 세련되게 가꾼 얼굴이 아니라 사생결단의 삶이 묻어 있는 얼굴입니다.

20세기 전반기에 전설적인 여배우가 있었습니다. 그 여배우는 젊음의 얼굴을 사람들에게 각인시키기 위해서 30대 후반이 지나자 대중에게 모습을 보이지 않았습니다. 나이 드는 얼굴을 보여 주기 싫었던 것입니다. 샛별처럼 빛나던 20-30대의 아름다운 얼굴로 항상 기억되기를 원했던 것입니다. 이 배우가 칠순이 되었을 때 어떤 파파라치에게 포착되었습니다. 늙은 얼굴이 신문에 드러났습니다. 여러분, 20-30대의 젊음을 보여 주는 사진은 정지되었습니다. 70대 할머니의 얼굴이 공개되기 전까지 40년의 인생은 없습니다. 그리고 70대 할머니 사진이 등장했습니다. 사람들은 이 배우를 기억하지 않습니다. 20-30대의 아름다운 여자들은 오늘도 있고 미래에도 있을 것이기 때문입니다.

그 여배우 이후 전설적인 미모를 가진 여배우가 또 있었습니다. 오드리 헵번입니다. 이 배우는 나이 드는 것을 두려워하지 않았습니다. 나이 드는 사진이 공개되는 것을 두려워하지 않았습니다. 이 배우는 나이 든 이후 아프리카에 가서 흑인 아이들을 품에 안았습니다. 굶어 죽어 가는 이 아이들을 도와 달라고, 배부르게 먹는 선진국 사람들에게 호소하는 홍보 대사가 되었습니다.

오드리 헵번은 초롱초롱한 별처럼 빛나던 20-30대 얼굴보다 주름진 얼굴에 흑인 아이를 안고 있는 얼굴이 훨씬 아름답습니다. 왜 그렇습니까? 아름다움의 차원이 다르기 때문입니다.

20-30대의 아름다움이 육체적 아름다움이라면, 나이 든 오드리 헵번의 얼굴은 내적 아름다움이 드러난 얼굴입니다. 경외감이 깃든 얼굴입니다.

여러분, 우리의 얼굴이 주름투성이라고 해도, 볼품이 없다 해도, 나이가 들어서 바울처럼 지병을 앓는 얼굴이라고 해도 그런 것에 개의치 말고 사생결단의 삶을 사는 얼굴로 살아가십시다. 그 얼굴이 우리의 삶을 유언으로 승화시키는 완성판이 될 것이고, 우리가 세상을 떠난 뒤에 사람들은 우리가 남긴 그 얼굴로 우리를 기념할 것입니다. 기도하십시다.

2천 년 전 바울의 얼굴이 미남이었는지 추남이었는지는 우리에게 조금도 중요하지 않습니다. 우리는 바울이 에베소 장로들에게 잊지 말라고 당부했던, 미추를 초월한 그의 얼굴을 닮고 싶습니다. 주위 사람들을 위해 삼갈 것을 삼가는 보호자의 얼굴, 온갖 모함과 죽음의 고난 속에서도 안팎의 유혹에 단호하게 맞선 전사의 얼굴, 자기에게 맡겨진 사람들을 위해 눈물로 간구하는 기도자의 얼굴, 말씀에 자신을 온전히 의탁한 말씀의 통로 된 얼굴, 사랑해야 할 사람들을 위해 모든 것을 아낌없이 내어 주는 거룩한 낭비자의 얼굴, 일평생 지병에 시달리면서도 병의 노예가 되지 않고 병의 주인으로 산 얼굴, 우리 모두 복음의 파수꾼이 되어 사생결단의 믿음으로 바울의 그 얼굴을 닮는 진짜 예수쟁이로 살아가게 해주십시오. 그리하여 우리가 단 한마디 유언도 남기지 못한다 해도 우리의 얼굴이 우리의 삶으로 드러나는 유언의 완성판이 되게 해주시고, 살아 있는 사람들이 우리의 그 얼굴로 우리가 살았던 사생결단의 삶을 기리고 본받게 해주십시오. 예수님의 이름으로 기도드립니다. 아멘.

말씀, 그리고 사색과 결단 5
사생의 사람에 대하여
Words, Contemplation and Decision V

지은이 이재철
펴낸곳 주식회사 홍성사
펴낸이 정애주
국효숙 김의연 박혜란 송민규 오민택 임영주 차길환

2025. 6. 2. 초판 1쇄 인쇄 2025. 6. 13. 초판 1쇄 발행

등록번호 제1-499호 1977. 8. 1.
주소 (04084) 서울시 마포구 양화진4길 3
전화 02) 333-5161 팩스 02) 333-5165
홈페이지 hongsungsa.com 이메일 hsbooks@hongsungsa.com
페이스북 facebook.com/hongsungsa
양화진책방 02) 333-5161

ⓒ 이재철, 2025

• 잘못된 책은 바꿔 드립니다. • 책값은 뒤표지에 있습니다.

ISBN 978-89-365-0397-0 (04230)
ISBN 978-89-365-0559-2 (세트)